Die Burgkapelle von Hocheppan

Messerschmitt Stiftung

Berichte zur Denkmalpflege
VIII

1998
Alle Rechte vorbehalten
© by Verlagsanstalt Athesia Ges.m.b.H., Bozen
Gedruckt mit Unterstützung der Messerschmitt Stiftung, München
Layout: Erwin Kohl
Gesamtherstellung: Athesiadruck, Bozen
ISBN 88-7014-957-9

Helmut Stampfer
Thomas Steppan

Die Burgkapelle von Hocheppan

VERLAGSANSTALT ATHESIA · BOZEN

INHALT

ZUM GELEIT

Die Burgkapelle von Hocheppan stellt ohne Zweifel einen kunsthistorischen Höhepunkt Südtirols dar. Neben der imposanten Halbruine der Burganlage ist sie ein beeindruckender Kontrast, der in gewisser Weise für das Unvergängliche steht. Die Ausdruckskraft der Fresken lädt zum Nachdenken ein.

Es war der Messerschmitt Stiftung eine Freude, die gräfliche Familie Enzenberg, die sich aller ihrer Kunstobjekte in so vorbildlicher Weise angenommen hat, durch die Sicherung und Restaurierung der Wandmalereien in ihrer Aufgabe zu unterstützen.

Hans Heinrich von Srbik

Die Kapelle von Hocheppan mit ihren Fresken zählt zu den namhaftesten in Südtirol. Meine Familie hat sich immer bemüht, die Kapelle zu erhalten, um den Fortbestand der so wertvollen Wandmalereien zu gewährleisten. Durch die Arbeiten des Denkmalamtes und letztlich das großzügige Eintreten der Messerschmitt Stiftung war es möglich, in dieser Epoche die Restaurierungsarbeiten zu vollenden. Mein besonderer Dank gilt Dr. Hans Heinrich von Srbik, Dr. Helmut Stampfer und dem ausführenden Restaurator Hubert Mayr.

Georg Graf Enzenberg

VORWORT

Künstlerische Qualität und Vollständigkeit des Bildprogramms verleihen den romanischen Wandmalereien der Burgkapelle von Hocheppan unter den zahlreichen Werken mittelalterlicher Kunst im südlichen Tirol eine besondere Bedeutung. Die Entdeckung und Erforschung dieses Schatzes erfolgte stets in engem Wechselspiel mit denkmalpflegerischen Bemühungen, den gefährdeten Bestand zu sichern und später übertünchte Flächen wieder freizulegen.

Da die letzte Monographie, die Nicolò Rasmo 1968 zum Abschluß der seinerzeitigen Restaurierung veröffentlicht hatte, seit längerer Zeit vergriffen ist, hielten wir eine neue Bearbeitung des faszinierenden Themas für sehr wünschenswert, umso mehr als im Jahre 1991 das Landesdenkmalamt Bozen die Malereien an der Nordfassade, 1995/96 die Messerschmitt Stiftung München jene im Innenraum der Kapelle restaurieren ließ. Die Ausführung lag in den Händen von Restaurator Hubert Mayr aus Percha und seiner Mitarbeiter. Der Stiftung gebührt großer Dank, nicht zuletzt für die Herausgabe dieses Buches, das den außergewöhnlichen Freskenzyklus einem breiten Publikum näherbringen möchte. Im Mittelpunkt steht eine umfassende Bilddokumentation der Malereien nach Abschluß der Arbeiten. Vom bisherigen Stand der Forschung ausgehend wird der Bau und seine Ausmalung dargestellt und interpretiert, wobei die Ergebnisse der letzten Restaurierung berücksichtigt werden. Ein besonderes Anliegen war es, die seit 1882 immer wieder hervorgehobenen byzantinischen Einflüsse[1] in ikonographischer wie stilistischer Hinsicht näher zu bestimmen und genauer zu lokalisieren.

Helmut Stampfer – Thomas Steppan

DIE ARCHITEKTUR

Im Mittelgebirge unter der Mendel, südwestlich von Bozen, erhebt sich die Burg Hocheppan *(Abb. 1).*[2] Zur Halbruine herabgesunken, beherrschen die wuchtigen Mauern auch heute noch nicht nur die zu ihren Füßen liegenden Siedlungsterrassen des Überetsch, sondern strahlen weit in den Bozner Talkessel und ins Etschtal bis gegen Meran. Der sturmfreien Lage auf einem steilen Porphyrfelsen, der nur von Norden über eine Brücke zugänglich ist, und der wehrhaften Anlage mit dem mächtigen fünfeckigen Bergfried verdankt Hocheppan seinen landschaftlich wie architektonisch besonderen Reiz. Die Verbindung mit den 1116 erstmals genannten Grafen von Eppan, einem der mächtigsten Adelsgeschlechter des Landes an der Etsch und im Gebirge, wies der Burg auch im historischen Kontext seit dem vorigen Jahrhundert eine Sonderstellung zu. Eine Kostbarkeit von europäischem Rang stellen schließlich die romanischen Wandmalereien der Kapelle dar, die im südlichen Bereich der schmalen und langgestreckten Anlage am abfallenden Hang heute frei steht, während sie in früherer Zeit mit einem Bau verbunden war *(Abb. 2).*

Abb. 1: Hocheppan, Federzeichnung im Codex Brandis, um 1600, Südtiroler Landesarchiv Bozen

Baubeschreibung Die nach Osten ausgerichtete Kapelle, eine Saalkirche mit Dreiapsidenchor (Abb. 3, 4), ist an der Nordseite zu ebener Erde[3] zugänglich, während das Untergeschoß von Süden, ebenfalls ebenerdig, erschlossen wird. Das im Westen und Süden großteils freiliegende Mauerwerk zeigt unregelmäßig behauene Werksteine aus Porphyr von unterschiedlicher Länge und Höhe. Die Eckquader sind stärker ausgebildet, unterscheiden sich in der Bearbeitung aber nicht von der Mauer. Die Kapellentür, deren linker Steinpfosten heute frei liegt, hat eine schmucklose Rechteckform, wie überhaupt das äußere Bild, sieht man von den Malereien an der Nordfassade ab, von größter Schlichtheit ist. Im Osten (Abb. 8) springt als einziges Gliederungselement eine kleine Rundapsis mit sehr flachem Kegeldach und abgeschrägtem Fuß vor. Das Rundbogenfenster der Apsis und die gleich großen Öffnungen zu beiden Seiten wurden 1965 von Nicolò Rasmo in dieser Form rekonstruiert.[4] Die Entdeckung der originalen Kante im rechten unteren Bereich des Mittelfensters während der letzten Restaurierung hat gezeigt, daß die Leibung ursprünglich nicht zentriert war. Die Fenster heben sich im neuen Feinputz vom alten, mehrmals getünchten Verputz ab, der im Norden und Osten weite Bereiche der Mauer bedeckt. Er ist älter als die Außenfresken und dürfte aus der Bauzeit der Kapelle stammen. Bei der Restaurierung der Nordwand kam nach Abnahme jüngerer Putzausbesserungen Mauerwerk mit ausgestrichenen Mörtelfugen zum Vorschein, von dem ein Fensterchen in Sicht belassen wurde. Ob es sich um zwei Phasen der Fassadengestaltung oder nur um zwei Arbeitsschritte handelt, sei dahingestellt. Die Südseite weist drei ursprüngliche Rundbogenfenster auf, zwei größere und ein etwas höher gelegenes kleineres, das die ehemalige Westempore belichtete. Am Übergang zwischen dem schwach verputzten oberen und dem freien unteren Wandbereich sieht man ein kleines Rundfenster, das vor oder bei der Ausmalung des Innenraumes zugesetzt und verputzt wurde. Es dokumentiert in Übereinstimmung mit der von Gerhard Seebach festgestellten horizontalen Baunaht unter den Südfenstern[5] eine ältere Bauphase vor der Ausmalung. Die Rechtecktür ins Untergeschoß, das durch zwei Lichtschlitze erhellt wird, hat eine einfache Steinrahmung mit einem hölzernen Überleger, der ebenso wie die darüberliegende Mauerpartie später eingesetzt wurde.[6] Die Westseite (Abb. 5) erfuhr in späterer Zeit starke Veränderungen. Der Dachreiter auf Kragsteinen, die noch an spätgotische Bautradition erinnern, während die großen Schallöffnungen bereits rundbogig ausgebildet sind, stammt ebenso wie die gesamte Giebelmauer aus der zweiten Hälfte des 16. Jahrhunderts. Die ursprüngliche Rechtecktür des Emporenzuganges wurde in zwei Phasen zugemauert und darunter ein Flachbogenfenster ausgebrochen, wohl ebenfalls im 16. oder 17. Jahrhundert. Das Untergeschoß, das keine Anzeichen einer ehemals sakralen Nutzung erkennen läßt, weist ein Tonnengewölbe aus neuerer Zeit auf. Früher bestand hier eine Balkendecke, deren Löcher 38 cm unter dem heutigen Fußbodenniveau liegen, wie bei der Erneuerung des Estrichs 1986 festgestellt werden konnte.[7] Der ursprüngliche Boden lag demnach tiefer als heute.

Im Innenraum *(Abb. 6–8,11)* überraschen die beinahe vollständig erhaltene Ausmalung und die architektonische Gestaltung der Ostwand, die man von außen nicht erwartet. Vor den drei Apsiden, die dem Saalraum eine plastische Gliederung verleihen, betont eine Steinstufe die Würde der Altarwand. Den Malereien an den Wänden dürfte mit großer Wahrscheinlichkeit eine farbig gefaßte Holzdecke entsprochen haben. Die heutigen Balken, die tiefer als die ursprünglichen eingezogen wurden und daher die Malereien teilweise beschädigt haben, stammen aus späterer Zeit, die Bretter wurden erst 1967 wieder angebracht.[8] Besonderes Interesse beanspruchen zwei kleine rechteckige Vertiefungen im Süden und Norden auf einer Höhe von ungefähr zwei Metern, circa 80 Zentimeter vor der Altarwand, die bei der Ausmalung berücksichtigt wurden und einen Querbalken aufnahmen. Rasmo denkt an eine Vorrichtung zum Aufhängen von Lampen[9], Wagner an eine Basis für eine Kreuzigungsgruppe[10], doch könnte es sich auch um eine Abschrankung, mit der Möglichkeit Bilder anzubringen, gehandelt haben. Eine kleine Rechtecknische im östlichen Bereich der Südwand diente zur Aufbewahrung von liturgischem Gerät. Je zwei ausgesparte Löcher in der Süd- und Nordwand für die Horizontalbalken der Westempore belegen, daß sie zum Zeitpunkt der Ausmalung noch vorhanden war.[11]

Datierung des Bauwerks

Die gesamte ältere Literatur bis herauf zu Nicolò Rasmo bezieht die in der Bozner Chronik unter dem Jahr 1131 genannte Weihe einer *Capell auf Epan*[12] auf die Burgkapelle von Hocheppan und datiert so Kapelle und Burg. Martin Bitschnau, der die Erbauung von Hocheppan aus burgenkundlichen Erkenntnissen nicht vor 1200 ansetzt, weist zu Recht darauf hin, daß die chronikalische Nachricht mit jeder Kirche in der Pfarre Eppan in Beziehung gebracht werden könnte.[13] Die älteste urkundliche Nennung der Kapelle stammt demnach erst vom 20. Dezember 1269, als Ulrich von Taufers als Erbe der Grafen von Eppan die zu Hocheppan gehören-

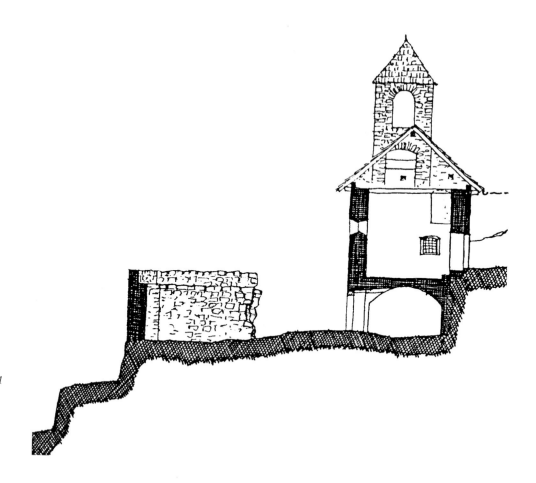

Abb. 3:
Querschnitt durch die Kapelle, 1941

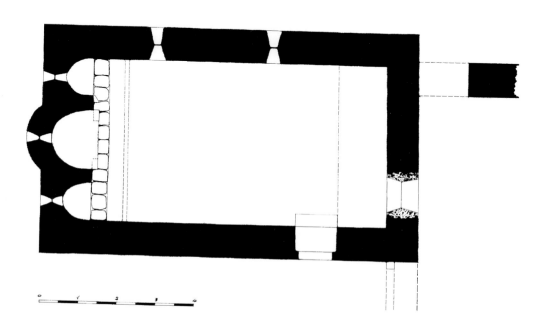

Abb. 4:
Grundriß der Kapelle

den Kapellen St. Maria Magdalena und St. Peter dem Deutschen Orden schenkt.[14] Von ersterer heißt es wenige Tage später, am 1. Jänner 1270, daß sie in der Burg *Eppiani* gelegen sei, während die Peterskapelle in der Nähe der Pfarrkirche von St. Pauls lokalisiert wird.[15] Atz bezog irrtümlicherweise beide Patrozinien auf die Burgkapelle und wies dem Apostelfürsten das eigentliche Kapellengeschoß, der heiligen Maria Magdalena die Gruft im *Unterraum* zu.[16] Nach Bitschnau ist die Kapelle, deren selbständige Rechtsstellung aus der genannten Urkunde von 1269 ersichtlich ist, älter als die Burg und wurde in diese miteinbezogen. Da die urkundliche Lage nicht weiterhilft, grenzt Bitschnau von der Untersuchung des Mauerwerks ausgehend dessen Entstehung aufgrund der Emporentür und aufgrund des Christophorusbildes an der nördlichen Außenwand, *»[...] dessen dürftige Technik zur Zeit der Hochblüte der süddeutschen Wandmalerei ab 1180 kaum noch denkbar ist«*[17], zwischen 1150 und 1180 ein. Während der Restaurierungsarbeiten im Jahre 1991 konnte indes nachgewiesen werden, daß der Christophorus, den man stets für älter als die benachbarte Kreuzigung gehalten hatte, eindeutig nach dieser und erst im frühen 14. Jahrhundert entstanden ist.[18] Während sich Nothdurfter ohne nähere Begründung für eine Datierung um oder nach 1100 ausspricht[19], nimmt Wagner eine Entstehung in den sechziger Jahren an und sieht in Graf Heinrich II. von Eppan, erwähnt zwischen 1145 und 1197, den Stifter der Kapelle.[20] Er unterstreicht die engen familiären Beziehungen Heinrichs zum churrätischen Raum über seine Tante Irmgard von Eppan, die Mutter des Gründers von Marienberg, Ulrich III. von Tarasp, seine Frau Maria, die in Marienberg begraben wird, seinen Neffen Friedrich III., der 1181 dort die Abtwürde erhält, und aufgrund der Verschwägerung mit den Herren von Matsch, die sowohl Vögte von Marienberg als von Müstair waren.[21]

Von dorther, so Wagners überzeugende These, kam der Grundrißtyp des rätischen Dreiapsidensaales, der in der karolingischen Klosterkirche von Müstair ausgebildet und in der Krypta von Marienberg wieder aufgenommen worden war, nach Hocheppan. Erkennt man, wie Wagner feststellt, abgesehen von den nachgewiesenen Einflüssen der Fresken in der Krypta von Marienberg auf die Malereien in Hocheppan, auch eine architektonische Abhängigkeit von der Krypta an, so hat man einen weiteren Anhaltspunkt für eine Datierung der Kapelle nach 1160, dem Weihejahr der Marienberger Krypta. Nicht nur der Grundriß, auch ein Baudetail, wie das zum ursprünglichen Bestand zählende Rundfenster in der Südwand der Kapelle, hat sein Vorbild in den Öffnungen der Seitenapsiden der Krypta des Vinschgauer Klosters.

Maria Magdalena, die im Bildprogramm überhaupt nicht aufscheint, wird in der Urkunde von 1269 als Patronin der Kapelle genannt.[22] Die Darstellung der Gottesmutter in der Hauptapsis spricht aber dafür, daß die Kapelle an erster Stelle ihr geweiht war. Entweder war Magdalena zweite Patronin oder es fand zwischen der Ausmalung und der Schenkung von 1269 ein Patroziniumswechsel statt. Sicherlich gab es einen solchen vor 1538, da sie in jenem Jahr als *»capella S. Caterinae in hohen Eppen«* bezeichnet wird.[23]

Wann die Bilder übertüncht wurden, ist nicht bekannt. Während der letzten Restaurierung kam in einem der Kreise am Sockel unterhalb der Kreuzigung die Jahreszahl 1605 in Rötel zum Vorschein, die barocke Neugestaltung des Raumes dürfte demnach gegen Mitte des 17. Jahrhunderts erfolgt sein.

Gegen Ende des 17. Jahrhunderts war die Kapelle bereits so baufällig, daß laut Visitationsprotokoll von 1698 die Messe darin nicht ohne Gefahr hätte gefeiert werden können. Bei der Visitation von 1767 wurde schließlich die Abhaltung der Meßfeier untersagt.[24]

Abb. 5: Westansicht der Kapelle

DIE WANDMALEREIEN

Geschichte der Restaurierung

Beda Weber erwähnt 1838 Wandgemälde in der Kapelle, die aufgrund der Verwendung als Stadel »[...] fast ganz zu Grunde gegangen sind«.[25] Karl Atz beschreibt 1873 die damals sichtbaren Malereien an der Außenseite, an der Altarwand (Abb. 6,7), an der Südwand Verkündigung und Heimsuchung (Abb. 8) und schließt mit den Worten: »Die übrigen Wandflächen sehen heute ziemlich roh aus, ob und wie sie einst geschmückt waren, läßt sich daher nicht mehr leicht bestimmen, aber zu wünschen wäre, wenn diese Capelle besser geschont und nicht zu einer Scheune missbraucht würde.«[26] Fünf Jahre später ließ er auf eigene Kosten einen neuen Estrich in der Kapelle anbringen, auf dem auch zwanzig Jahre später immer noch Getreide gedroschen wurde.[27] Im Sommer 1881 wurden von der k.k. Central-Commission in Wien Reparaturen am undichten Dach finanziert, nachdem Karl Atz im Vorjahr ersucht hatte »[...] zwei eiserne Schleudern zu ziehen und das Dach zur äußersten Noth auszubessern, wodurch das Ganze vor dem gänzlichen Verfalle noch in letzter Stunde gerettet werden könnte«.[28] »Der Zustand der Malerei ist im Ganzen ein sehr guter«[29] – liest man hingegen 1895 in einem ausführlichen Bericht des Restaurators Alfons Siber an die k.k. Central-Commission, der im folgenden Jahr veröffentlicht wurde. Er weist aber auf den großen Sprung in der Ostwand links von der Mitte und auf den äußerst rücksichtslos verstrichenen Riß im Jagdbild hin. Der Kopf Christi und der Törichten Jungfrau in der Mitte fehlten bereits damals. 1897 wurde die bemalte Mensa-Verkleidung zertrümmert und Karl Atz ließ einen provisorischen Fensterverschluß anbringen. Im Sommer 1898 erfolgten die Neudeckung des Daches und die Anbringung einer Dachrinne, im Herbst endlich nahmen Siber und ein Gehilfe in sechs Tagen »[...] die allernothwendigsten Sicherungsarbeiten gegen das drohende Herabfallen ganzer Freskentheile vor. Bei der Apostelgruppe wurden alle hohlen bedrohlichen Stellen ausgegossen und gekittet. Die Abbruchstellen wurden unterfangen. Ebenso wurden bei der Mittelapside der linke Theil, der eine gewaltige Kluft zeigte, die ganz oberflächlich und leichtsinnig verschmiert war, gereinigt und ausgegossen. Die abgenommenen, vorhanden gewesenen Freskenstücke wieder darauf befestigt und der linke Theil wurde angebohrt und so die ganz lose Freskenschichte durch eingießen aufgekittet. Die schon herabgefallenen Theile der Mensa wurden zusammengestellt und so weit selbe noch vorhanden waren angekittet. Es wurden kleine Kitt-, Ausguß- und Unterfangarbeiten an fast allen sichtbaren Bildern vorgenommen, so auch an den ornamentalen Theilen der kleinen Langschiffensterwangen. Alle diese Arbeiten waren aber nur die allernothwendigsten unaufschiebbaren Sicherungsarbeiten, denen eine vollkommene ordnungsgemäße Restaurierung erst folgen muß.«[30] 1906 unterbreitet Siber der k.k. Central-Commission einen Kostenvoranschlag für die Aufdeckung der übertünchten und die Restaurierung der sichtbaren Malereien in Höhe von 5000 Kronen.[31] Es kam aber nicht zur Ausführung der Arbeiten. Im Jahre 1907 berichtet Karl Atz, daß das wiederum schadhafte Dach im Vorjahr gründlich ausgebessert wurde.[32] Im Frühjahr 1914 erwarben die Grafen Arthur

Abb. 6: Altarwand, Photo um 1900

Abb. 7: Innenraum vor 1926

Abb. 8: Südwand vor 1926

und Sighard Enzenberg die Burg von der Witwe des Majors Martin Prandstetter-Teimer.

Erst im Sommer 1926 legte der Restaurator Tullio Brizi im Auftrag des Denkmalamtes in Trient unter der Leitung von Giuseppe Gerola die unter einer dünnen Tünche liegenden Malereien frei, eine Maßnahme, die bereits Atz 1880 empfohlen hatte. Gleichzeitig wurde an der West- und Nordwand ein Entfeuchtungsgraben ausgehoben und eine Trockenmauer zum Hang errichtet. Im Auftrag der Kulturkommission hat der Maler Anton Hofer 1941 die Wandmalereien in verkleinertem Maßstab auf 32 Blättern kopiert. Von 1965 bis 1967 ließ Nicolò Rasmo mit Geldmitteln der Provinz Bozen und des Eigentümers Georg Graf Enzenberg den Kapellenboden instand setzen, die Rekonstruktion der Fenster in der Ostwand vornehmen und die Holzdecke wiederherstellen. In den siebziger Jahren wurden Bretter an der Unterseite der Decke angebracht, dabei wurden leider die Balken abgearbeitet. 1986 veranlaßte der Eigentümer die Erneuerung des wiederum sehr schadhaften Estrichbodens, etwas später die Verbesserung der Drainage an der Bergseite und Reparaturen am Dach. In den Sommermonaten 1991 und 1995/96 führte schließlich Hubert Mayr mit seinen Mitarbeitern die bereits erwähnten Restaurierungsmaßnahmen durch, die folgende Schritte umfaßten.

Nach der Reinigung mit Pinsel und Wishab wurden zahlreiche Reste von Tünche und Putzplomben, die noch auf der Malschicht lagen beziehungsweise über diese reichten, entfernt. So konnte einiges an Originalsubstanz gewonnen werden, wie z. B. an der Fehlstelle in der Stadtansicht oberhalb des östlichen Fensters an der Südwand. Für die Hinterfüllung der Hohlräume zwischen den beiden Putzschichten und dem Mauerwerk kam Flüssigmörtel zur Anwendung, der mittels Injektionen eingebracht wurde. Die älteren Putzausbesserungen um die Holzbalken und jene der Restaurierung von 1926 blieben erhalten, ebenso die Farbretuschen am Rahmenornament der Hauptapsis. Die großen Fehlstellen in der Nordwand zwischen Decke und Boden links der Kreuzigung, um die Tür und von der Tür zur Decke wurden geöffnet und neu verputzt. Zuvor mußten am Sockel Zellulosekompressen zur Entsalzung des Mauerwerks angebracht werden, wobei Reste der ersten Putzschicht zum Vorschein kamen, die in Sicht belassen wurden. Im Bereich des Mäanders stieß man unter den jüngeren Putzplomben auf eine ältere Rosaschicht in Freskotechnik, mit der noch vor der Übertünchung der Malereien die Risse ein erstes Mal ausgebessert worden waren.

Gleichzeitig konnten interessante Beobachtungen zum Aufbau und zur Maltechnik der Wandmalereien gemacht werden. Unmittelbar auf dem Mauerwerk liegt ein bis zu drei Zentimeter dicker Verputz aus der Bauzeit, der eine feine Körnung und eine glatte, mehrmals getünchte Oberfläche zeigt. Unter den Fehlstellen im Anschlußbereich zur Holzdecke ist dieser erste Innenputz sichtbar, ebenso an der Nordwand zwischen den Balkenlöchern, wo aufgrund der Empore keine Malerei vorgesehen war. Vor dem Auftragen des 3 bis 5 mm dicken Freskenfeinputzes wurde der ältere Grundputz stellenweise mit Pickelhieben aufgerauht, um eine bessere Haftung zu erzielen. Der Feinputz weist viele Kellenstriche und eine sehr gut geglättete, kompakte Oberfläche auf. Im Mäander der Nord- und Südwand sieht man mehrere rote Schnurschläge als Kompositionshilfe, seltener auch bei einigen Figuren, z. B. in der Mitte der Gottesmutter im Bild der Kreuzabnahme. Die Vorzeichnung erfolgte meistens in Rotocker, wie man unter den Gewändern der Apostel und bei einigen Figuren des Bethlemitischen Kindermordes, an denen die Malschicht abgefallen ist, erkennen kann. Daß auch Gelbocker für die Vorzeichnung verwendet worden ist, belegen die Köpfe des Einzuges Christi in Jerusalem *(Abb. 59)*. Die Grünuntermalung, das sogenannte verdaccio, wurde allen Gesichtern und Händen unterlegt. An der Ostwand verläuft eine Tagwerksgrenze – der Begriff ist nicht als Zeit-, sondern als Arbeitseinheit zu verstehen – zwischen Christus und Paulus. Die Seitenapsiden bilden jeweils eine Einheit, in der Hauptapsis sieht man eine Tagwerksgrenze zwischen Maria und den Jungfrauen. An der Südwand gibt es Tagwerksgrenzen zwischen Verkündigung und Geburt, zwischen Taufe Christi und Hochzeit zu Kana sowie in der Mitte der Hochzeitsszene. Die Westwand läßt aufgrund des schlechten Erhaltungszustandes keine Tagwerke erkennen. An der Nordwand verlaufen die Tagwerksgrenzen westlich der drei Apostel und westlich des Kindermordes. Einritzungen in den Freskenfeinputz findet man an den Schnittstellen der imitierten Marmorquader am Sockel und am Nimbus Christi der Kreuzigung, die aber später als die restlichen Malereien entstanden ist. Pigmentuntersuchungen, die im Labor für naturwissenschaftliche Kunstgutuntersuchungen der Hochschule für Bildende Künste Dresden/Fachgruppe Restaurierung an acht Proben durchgeführt worden sind, haben ergeben, daß Eisenoxidrot, grüne Erde, Mennige, Pflanzenschwarz und Lapislazuli über Grau verwendet worden sind.

Bildprogramm

Die Ausmalung der Burgkapelle erstreckt sich im Inneren über alle vier Wände *(Abb. 9a–9d)*. Größere Fehlstellen sind nur an der West- und Nordwand, insbesondere im Bereich der Nordwestecke zu beklagen, die auf Schäden am Dach und bauliche Veränderungen im Laufe der Jahrhunderte zurückzuführen sind. Trotzdem läßt sich das Programm der in weiten Teilen gut erhaltenen Ausstattung annähernd lückenlos bestimmen.

Die Altarwand ist in drei Zonen aufgeteilt, von denen die beiden oberen den Repräsentationsbildern vorbehalten sind. In der Sockelzone zeigt der leicht vorspringende Mittelteil der Altar-Mensa Reste eines gemalten Textilmusters, die seitlichen Flächen sind mit farbigen Marmorquadern dekoriert. Unter den Mauerzungen zwischen den Apsiden springt vor einem Vorhang von links ein Kentaur mit Schwert und Schild, vor den Marmorquadern von rechts ein Reiter auf einem Raubtier mit Lanze und Schild in Richtung Altar. Am Sockel der Seitenapsiden sieht man ebenfalls Reste eines Stoffmusters.

In der Konche der leicht überhöhten Mittelapsis thront vor rotem, grünem und blauem Streifenhintergrund die Gottesmutter mit Kind zwischen zwei Engeln mit Sphairen in den verhüllten Händen. Getrennt durch einen Palmettenfries, der zu beiden Seiten des Thrones ansetzt, sind darunter, links vom Fenster fünf Kluge, rechts fünf Törichte Jungfrauen dargestellt. In der Breite des Thrones wurde um das Fenster herum ein Gebäude gemalt, aus dessen linker Tür Christus segnend den Klugen Jungfrauen entgegengeht, während sich die rechte Tür nur einen Spalt öffnet. Die Mensa ist mit Blattranken und Blumen bemalt. In der linken Seitenapsis weisen Johannes der Täufer im Fellmantel und Johannes der Evangelist auf das Medaillon mit dem Gotteslamm in der Wölbung. Die rechte Seitenapsis zeigt die Übergabe der Schlüssel an Petrus und des Gesetzes an Paulus, wobei Christus auf einem Architekturthron sitzt, der seine Beine verdeckt

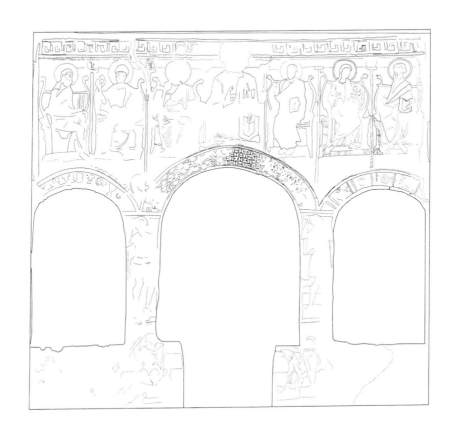

Abb. 9a: Photogrammetrische Aufnahme der Ostwand, 1995

Abb. 9b: Photogrammetrische Aufnahme der Südwand, 1995

Abb. 9c: Photogrammetrische Aufnahme der Westwand, 1995

Abb. 9d: Photogrammetrische Aufnahme der Nordwand, 1995

und das Fenster einschließt. Den Bogen der Mittelapsis ziert ein breites Ornamentband mit Doppelaxt-Motiv, die linke Seitenapsis wird von einem Palmettenfries eingefaßt, die rechte von einem Steinschnittmuster mit aufgelegten Scheiben. An der Untersicht der Bögen zeigen die Seitenapsiden ein Ornament mit Mosaikmuster, das auch als Rahmung des Medaillons mit dem Gotteslamm wiederkehrt. Auf den Mauern zwischen den Apsiden stützt rechts ein männlicher Atlant mit beiden Händen seitlich des Kopfes gleichsam die Last der oberhalb ansetzenden Apsisbögen, während links ein männlicher Atlant mit roten Beinkleidern nur seine Rechte zum Bogenansatz erhebt.

Die Mitte der Bildzone oberhalb der Apsiden nimmt der segnende Christus ein, dessen Kopf mindestens seit 1895 fehlt, während jener der mittleren Törichten Jungfrau bereits 1882 nicht mehr vorhanden war.[33] Zu beiden Seiten Christi sitzen Apostel auf Thronen zwischen Säulchen, zu seiner Rechten Petrus, Thomas und Andreas, zu seiner Linken Paulus, Matthäus und Jakobus der Ältere. Ein einfacher Mäander zwischen roten und gelben Streifen schließt die Wand zur Decke hin ab.

An der Süd-, Nord- und Westwand wird die Dreiteilung der Fläche weitergeführt und durch zwei einfache Mäander unterstrichen, während ein doppelter den oberen Abschluß bildet. Oberhalb der mit zwei Reihen von Scheinmarmorquadern bemalten Sockelzone entfalten sich auf zwei Registern erzählende Szenen aus dem Leben Jesu. Einzig in der oberen Zone ist der Anschlußbereich an die Ostwand dieser zugeordnet und nimmt noch je drei nicht inschriftlich benannte Apostel auf, die dort aus Platzgründen nicht dargestellt werden konnten.

An der Südwand, rechts vom östlichen Fenster, das sich nach oben und unten mit gemalten Architekturdarstellungen als Trennelement fortsetzt, beginnt die Szenenfolge. Verkündigung und Heimsuchung werden aufgrund des durchgehenden Hintergrundes als zwei Szenen in einem Bild aufgefaßt. Rahmenelemente fehlen, das nächste Bild, die Geburt Christi, wird von einer Gebirgskulisse abgegrenzt. Als letzte Szene des oberen Registers folgt die Verkündigung an die Hirten. Unten links, zwischen Südostecke und Fenster, sieht man die Flucht nach Ägypten, anschließend die Darbringung Christi im Tempel. Die Taufe Jesu im Jordan hat nur wenig Raum, da das zweite Fenster, das bis zur Sockelzone mit gemalten Architekturelementen weitergeführt wird, eine vorgegebene Begrenzung bildet. Das letzte Bild im Süden, die Hochzeit zu Kana, beansprucht hingegen besonders viel Raum und wird so zur größten Szene an dieser Wand.

Die Westwand ist durch eindringendes Regenwasser beim Dachreiter und durch den Ausbruch des jüngeren Fensters besonders stark in Mitleidenschaft gezogen worden. Am besten erhalten hat sich im oberen Register links die Anbetung der Könige, während der Ritt der Könige rechts nur mehr in Umrissen zu erkennen ist. Von der linken Szene unten ist nur die linke obere Eckpartie erhalten: Sie zeigt den Einzug Christi in Jerusalem. Rechts vom Fenster, hart an der Nordwestecke, sieht man zwei Köpfe, die dem Letzten Abendmahl zugeordnet werden können[34], darunter einen Rest des Steinschnittmusters.

Im oberen Register der Nordwand setzen sich die Szenen aus der Kindheit Jesu fort. Das erste Bild zeigt die Drei Könige vor Herodes, das zweite den Traum und die Heimkehr der Könige. Es folgt die ausführliche Schilderung des Bethlehemitischen Kindermordes, die längste Szene des gesamten Zyklus. Bis zur Nordostecke folgen zwischen Säulchen drei Apostel, deren Beischriften den mittleren als Simon, den östlichen als Judas Thaddäus ausweisen. Die Malereien im unteren Bereich der Nordwand sind zum Großteil von Feuchtigkeit und Salzen zerstört. Ganz links in der Ecke erkennt man Petrus mit dem Schwert, am rechten Rand Christus, somit die Gefangennahme Christi. Zwischen den beiden Figuren scheint die Mitte der Szene in späterer Zeit neu verputzt und bemalt worden zu sein. Man erkennt eine Standfigur mit eingeritztem Nimbus. Rechts von der Eingangstür folgt die Dornenkrönung, wie aus dem Kopf Christi mit Augenbinde ersichtlich ist. Von der Geißelung sieht man Christus an der Säule zwischen zwei Schergen, im Sockelbereich Reste von Farbspuren. Nach einer größeren Fehlstelle erscheint die Kreuzigung, die ebenso wie die verschiedenartige Sockeldekoration mit eingeritzten Kreisen zu einem späteren Zeitpunkt neu verputzt und bemalt wurde. Rasmo vermutet, daß unter der Kreuzigung das Wappen und die Inschrift des Stifters angebracht gewesen sein könnte und daß Meinhard II., nachdem ihm 1259 die Burg zugefallen war, das Bild aus diesem Grunde abarbeiten und neu malen ließ.[35] Besser erhalten sind die beiden letzten Bilder, die Kreuzabnahme und die drei Frauen am leeren Grab. Unter diesen Szenen kehren die roten und grauen Scheinquader des Sockels wieder, auf denen hier drei Ritter dargestellt sind, die miteinander beziehungsweise gegen einen Löwen kämpfen.

Neben der Ausstattung des Kapelleninneren sind auch noch Wandmalereien an der Nordfassade erhalten geblieben. Oberhalb der Eingangstür wurde eine Kreuzigungsgruppe mit Maria und Johannes sowie den beiden Soldaten mit Schwamm und Lanze auf eigens angetragenem Feinputz gemalt. Auch die nach Osten anschließende Jagdszene[36] mit einem hornblasenden Reiter, zwei hetzenden Hunden und einem fliehenden Hirsch ist auf sparsam angetragene Putzflächen gemalt. Zu späterer Zeit wurde der Hirsch übertüncht, ein Drache über die Hunde gemalt und der Jäger zu einem heiligen Georg umgestaltet, indem er Rüstung und Schild erhielt. Rechts neben der Kreuzigung sieht man einen Christophorus, der zwar auf der älteren Putzschicht liegt, aber erst nach der Kreuzigung und Jagdszene in der ersten Hälfte des 14. Jahrhunderts gemalt wurde.

Hocheppan und der byzantinische Einfluß auf die romanische Wandmalerei in Tirol

Die Verbundenheit der mittelalterlichen Wandmalerei mit dem sakralen Raum, für den sie geschaffen wurde, ist eine wesentliche Grundlage für ein staunendes Erlebnis des künstlerischen Schaffens einer so lange vergangenen Zeit. In unserem Fall ist es eine kleine, schlichte Saalkirche, für die der reichhaltige Freskenzyklus auf den ersten Blick beinahe überdimensioniert erscheint. Die bemalten Wände sind als bildlicher Widerhall der kultischen Handlung zu verstehen, sie umgaben den Beter als schützendes, heiliges Gehäuse. Was wir sehen, ist das die mittelalterlichen Menschen stets Begleitende, durch die Bilder gegenwärtig, schaubar gemacht, die magische Präsentation des Göttlichen, des Heiligen. Die mittelalterlichen Wandzyklen waren Pracht und Glaubenssatz und verkörperten das Ideal einer frommen Geisteshaltung. Die Bildwelt bedeutete den damaligen Menschen etwas gänzlich anderes als dem heutigen, kunsthistorisch interessierten Besucher. In ihr war das getreue Abbild als kultischer Mittler zum Urbild festgehalten, lebendige Wahrheit und heilige Wesenshaftigkeit wurden geschaut, Werte, die den Bildern eine unmißverständliche Mächtigkeit einräumten.

Anstatt einer naturalistischen, das Individuelle berücksichtigenden Sonderbehandlung der Figuren und Gegenstände im Lichte einer zufälligen, momentanen Situation, wie sie von der spätantik-römischen über die frühchristliche, bis in die byzantinische und karolingische Malerei des 9. und 10. Jahrhunderts im großen und ganzen gepflogen blieb, gelangt mit der Romanik Stille in die Malerei, nicht Beruhigung, denn es ist der gezielte Verzicht auf Lebensnähe, die immer vom Moment lebt. Illusionistisches, spontan Skizzenhaftes wird von großen Farbflächen innerhalb fester Konturen, von Formelhaftem verdrängt.

Das Kunstschaffen im byzantinischen Reich mit seiner Hauptstadt Konstantinopel, der uneingeschränkten Metropole des Mittelalters, von der jeder Impuls einer Erneuerung der mittelalterlichen Kunststile ausging, war von unerreichter Qualität und genoß höchstes Ansehen. Je mehr eine der romanischen Kunstlandschaften von der byzantinischen Kunst tangiert wurde, um so reichhaltiger wurde das ikonographische Programm und um so qualitätsvoller wurde in der Regel der Stil. Alle westlichen, »lateinischen« Kunstlandschaften wurden von der östlichen, »byzantinischen« Kunst irgendwie beeinflußt, am meisten allerdings der italienische Raum, der durch seine geographische und politische Lage schon immer in einem Naheverhältnis zum byzantinischen Reich stand. Daß gerade die alpine Kunstregion Südtirol so stark von der byzantinischen Strahlkraft vereinnahmt wurde, hat natürlich auch geographische und historische Gründe. Diese byzantinische Einwirkung lockerte die starren, dogmatischen Strukturen der Romanik etwas auf und verhalf ihr zu einer menschlicheren und ausdrucksstärkeren Beschaffenheit.

Im 11. und 12. Jahrhundert waren insbesondere der nordadriatische Raum mit Venedig und der von den Normannen beherrschte Raum Süditalien und Sizilien von byzantinischem Kunstschaffen durchdrungen. Für die großartigen Mosaikausstattungen berief man byzantinische Werkstätten. Zahlreiche byzantinische Künstler kamen in den Westen, als Meister für bedeutende Aufträge, wie in Montecassino, prägten sie die romanische Kunstszene nachhaltig. Ihre Werke hatten Vorbildcharakter.

Der epochalen Stilentwicklung der mittelbyzantinischen Kunst[37] gemäß wurde die romanische Malerei in mehreren Phasen beeinflußt.[38] Der byzantinischen Kunst eignen seit der komnenischen Epoche die den gläubigen Betrachter in den Bann ziehende Verinnerlichung und Ausdrucksstärke. Parallel dazu entwickelte sich in der früh- und hochkomnenischen Kunst eine geradezu klassizistische Organizität der Figuren und Ausgewogenheit der Kompositionen, das Streben nach Plastizität und räumlicher Tiefe.[39]

Diese Stilkriterien beeindruckten den Westen zutiefst, beeinflußten ihn aber nur ansatzweise, da sie in ihrer Lebensnähe und Gefühlstiefe nicht dem eigentlichen, wesentlich verschlosseneren Wesen der romanischen Malerei entsprachen. Schließlich war es noch die spätkomnenische Kunst, die in Manieriertheit, in übersteigerter Bewegung, in stilisierter, sich zum Ornament verselbständigender Form, in minutiös verspielter Zeichnung ihre raffinierten, ins Ästhetisierende verzerrten Figuren gestaltete und dabei die Dynamik, das Spontane, den Moment einzufangen trachtete. Sich von der klassischen Form und von der naturalistischen Modellierung verabschiedend wurde das auch für monumentale Ansprüche gewonnene Können durchaus beibehalten, Figur und Komposition bleiben trotz Manieriertheit verständlich, verfügen über eine Präsenz, die den Betrachter einnimmt.

Schübe byzantinischer Prägung der Malerei können auch im Alpenraum durch die gesamte Romanik hindurch beobachtet werden – denken wir nur an die frühen Fresken von Lambach (Mitte 11. Jahrhundert) oder an das späte Beispiel der Ausstattung des Oberchores von St. Nikolaus in Matrei (zweite Hälfte 13. Jahrhundert)[40] –, in der Regel müssen sie auf die Ausstrahlung der von Byzanz so stark beeinflußten Kunstzentren Venetiens und Süditaliens/Siziliens zurückgeführt werden. Ein Weiteres vollzog sich durch die Eindrücke der Kreuzfahrer, die im 12. Jahrhundert den gesamten östlichen Mittelmeerraum bis in den Nahen Osten durchquerten. Mit der Eroberung Konstantinopels im Jahre 1204, während des von den Venezianern angeführten Vierten Kreuzzuges, kam die wohl größte Welle byzantinischen Kunstexports in den Westen. Angelockt von den unermeßlichen Reichtümern der Hauptstadt des Byzantinischen Reiches, machten sich die Kreuzfahrer aller Kunstschätze habhaft, die entwendet werden konnten und derart in den Westen gelangten. Veranlaßt durch die Wirren der lateinischen Herrschaft in Konstantinopel, die lieber plünderte als zu bezahlende Werke in Auftrag gab, gelangten noch mehr Künstler in den Westen.

Die byzantinischen Meister im Westen hatten wieder einheimische Gehilfen, die die importierten ikonographischen, programmatischen, stilistischen und technologischen Errungenschaften weitertrugen und verbreiteten, wenngleich sie, am großen Vorbild orientiert und seiner Nachfolge verpflichtet, häufig über eine unbeholfene Nachahmung nicht hinausreichten. Ein nicht unerhebliches Problem stellt sich darin, daß die Grenzen der regionalen Stilkriterien verschwimmen und häufig auch innerhalb nur eines Denkmales verschiedene Anleihen festzustellen sind. Schon Otto Demus stellte fest, daß vielfach eine klare Scheidung von Romanischem und Byzantinischem schwierig, wenn nicht unmöglich ist.[41]

Hocheppan birgt eine nicht unbeträchtliche Fülle der eben skizzierten Stilfacetten der verschiedenen Epochen der komnenischen Kunst, die vom Künstler mehr oder weniger qualitätvoll einverleibt wurden. Der immer wieder angeführte, im einzelnen jedoch kaum differenzierte byzantinische Einfluß auf die romanische Wandmalerei Südtirols ist kein einmaliger, vielmehr vergegenwärtigt er die komplexe Stilentwicklung innerhalb der byzantinischen Kunst und den nicht immer gleich schnellen Prozeß der Beeinflussung. Dieser hängt zu guter Letzt vom Vermittler ab. Zu diesen Mediatoren zählen auch illuminierte Handschriften und Ikonen. Die prunkvollen, an künstlerischer und handwerklicher Qualität unerreichbaren Werke der mittelbyzantinischen Kleinkunst gelangten als begehrte Geschenke oder Auftragswerke dank ihrer Transportfähigkeit in den Westen. Natürlich wurden sie dann nicht nur gattungsspezifisch gemäß ihrer Objektkategorie nachgeahmt. Durch die Verbindung des mächtigen Bistums Salzburg mit Aquileia und Venedig war der gesamte österreichische Kunstraum vom venetobyzantinischen Kunstschaffen infiltriert. Anhand des wenigen heute Erhaltenen läßt sich der dominante Einfluß am besten in der salzburgischen Buchmalerei nachvollziehen, etwa im Antiphonar von St. Peter oder im Perikopenbuch der heiligen Ehrentrud von Nonnberg (Ende 12. Jahrhundert). Selbstverständlich muß auch das bei unseren stilkritischen Erwägungen in Betracht gezogen werden. Die Ausstrahlung der monumentalen byzantinischen Mosaikzyklen des normannischen Siziliens und Venedigs[42] kann nicht hoch genug eingeschätzt werden. Musterbücher[43] boten natürlich nur die Basis des künstlerischen Schaffens, das der Meister schließlich je nach Können schöpferisch erweiterte oder – im Falle von geringerer Begabung – nur unbeholfen einbrachte. Diese qualitativen Unterschiede lassen sich auch anhand der Fresken von Hocheppan deutlich nachweisen: Gerade die späteren, unverkennbar »schlechteren« Figuren der Ostwand (vier Apostel und Christus, besonders Petrus und Paulus) zeigen die mangelnde Virtuosität trotz des Vorbildes der bereits bestehenden Fresken.

Ikonographische und stilkritische Analysen zu den Fresken von Hocheppan

Seit den achtziger Jahren des 19. Jahrhunderts stehen die Wandmalereien von Hocheppan im Blickpunkt kunsthistorischen Interesses. In diesen frühen Jahren beschränkte sich die Analyse auf den freiliegenden Bestand der gesamten Ostwand und die zu einem Bild zusammengefaßten Szenen der Verkündigung und der Heimsuchung. Schon Dahlke erwähnt 1882 »[…] den mittelbaren Einfluß byzantinischer Kunst auf den Schöpfer der Gemälde«[44] und weist auf Vorbilder aus Italien hin, sei es, […] ob nun ein deutscher Künstler, der im Süden sich mit griechischer Weise vertraut gemacht«[45], oder »[…] ob ein Romane die Gemälde nach Mustern seiner Heimat geschaffen«[46] hat. Die Ausmalung der Kapelle setzt er vor dem Ausbruch der Fehde zwischen den Grafen von Tirol und den Grafen von Eppan im Jahre 1153 an. Atz erkennt im selben Jahr »[…] ein Anlehnen an byzantinische Vorbilder in den hageren Gestalten, mageren Händen, dünnen Vorderarmen«.[47] 1885 vermutet er, daß der byzantinische Einfluß vielleicht auf einzelne griechische Mönche in Innichen schließen läßt, »[…] die dort künstlerisch thätig waren«[48] und hält fest, daß der Apostel Matthias »den byzantinischen Einfluß am auffallendsten zeigt«.[49] Morassi bezeichnet als spezifisch byzantinisch den bärtigen Christus, die Apostel, die Gottesmutter und die Ikonographie der Verkündigung, Heimsuchung, Geburt, Hirtenverkündigung, Taufe Christi, Kreuzigung und Auferstehung. Der romanisch-lombardischen Tradition weist er hingegen die Telamone, den Kentaur und den Ritter, die Kampfszenen am Sockel der Nordwand und die Hirschjagd zu, während er nordische Vorbilder für die Klugen und Törichten Jungfrauen sowie für die Herodesszenen annimmt.[50] Der byzantinische Stil, der über Venedig und Venetien gekommen ist, so Morassi, erreicht in Hocheppan Südtirol in voller Stärke.[51] Als Entstehungszeit nimmt er – im Gegensatz zu Toesca, der die Bilder dem 13. Jahrhundert zugeordnet hat[52] – die zweite Hälfte des 12. Jahrhunderts an.[53] Doering erwähnt Hocheppan nur kurz und datiert die Malereien vor die Mitte des 12. Jahrhunderts.[54] Garber, der die Malereien zwischen 1131 und 1180 ansetzt, weist den gesamten Zyklus »[…] einem wohl aus Oberitalien gekommenen Meister, der im engsten Zusammenhange mit der durch Byzanz regenerierten abendländischen Kunst steht«[55] zu und faßt seine ausführliche Analyse folgendermaßen zusammen: »In keinem anderen Denkmal der tirolischen Malerei tritt der strenge, unerweichte byzantinische Stil so deutlich in Erscheinung, wie in Hocheppan und im Pauluskopf von St. Peter in Gratsch.«[56] Weingartner hebt die »[…] byzantinische Grundhaltung mit auffallenden genrehaften und naturalistischen Einzelzügen hervor«.[57] Arslan weist hingegen auf stilistische Ähnlichkeiten mit der Salzburger Buchmalerei hin, vor allem im Antiphonar von St. Peter.[58] Frodl sieht »[…] trotz der offensichtlichen Bindung der Malereien an die italo-byzantinische Tradition, die besonders deutlich in manchen Gesichtstypen zum Aus-

druck kommt, Beziehungen zur älteren Salzburger Malerei«.[59] Eine Entstehung um 1131 hält er für zu früh und spricht sich für die zweite Hälfte des 12. Jahrhunderts aus. Hoeniger schlägt als Datierung die Jahre zwischen 1160 und 1181 vor.[60] Schrade weist das Apsisfresko dem späteren 12. Jahrhundert zu und bemerkt, daß aufgrund der Klugen und der Törichten Jungfrauen Maria als *sedes sapientiae* aufzufassen sei.[61] Demus notiert stilistische Zusammenhänge mit der Krypta von Marienberg und mit Müstair, sieht aber einen »[...] *wesentlichen Unterschied in der weit stärkeren Aufnahme und Verarbeitung venetobyzantinischen Formengutes«.*[62] Er nimmt an, daß zwei Maler für die Ausstattung verantwortlich zeichnen, er sieht den »[...] *monumental empfindenden Hauptmeister in den Apsiden und einen etwas lockerer komponierenden, vielleicht jüngeren Maler in den erzählenden Darstellungen«.*[63] Als Entstehungszeit denkt er an die letzten Jahre des 12. oder ersten Jahre des 13. Jahrhunderts. Auch Rasmo, der sich mehrmals eingehend mit den Malereien auseinandergesetzt hat, betont, daß sich der Hocheppaner Meister zuerst an den Kryptafresken von Marienberg geschult, dann aber Bildinnovationen rein byzantinischen Charakters mitverarbeitet hat, die vielleicht der Meister von Maria Trost in die regionale Tradition eingeführt hatte.[64] Etwas später vermutet er im Gegensatz zu der vorwiegend konservativen und kontinental gebundenen Vinschgauer Schule ein künstlerisches Wirkungszentrum im Raum von Bozen und Meran, um die Überlagerung von westlichen und östlich-byzantinischen Einflüssen zu erklären. Die Malereien von Maria Trost erschienen ihm nämlich nicht entsprechend hochstehend, um eine derartige Ausstrahlungskraft zu erzielen.[65]

Hocheppan datiert er ins erste Jahrzehnt des 13. Jahrhunderts oder zwischen 1207 und 1218 und denkt an einen »[...] *Maler veronesisch-venetianischer Schulung, der jedoch in Akzenten ausdrucksstarker Realistik die Berührung mit dem nordischen Kunstkreis verrät«*[66], wobei er mindestens einen, bei anderer Gelegenheit mehrere Gehilfen annimmt. Egg sieht den Schöpfer der monumentalen Apsisfresken unter dem Einfluß von Marienberg und dem der veneto-byzantinischen Malerei stehend, während er den Maler der Langhausbilder als Erzähler bezeichnet, der salzburgische Einflüsse verrät.[67] Sergio Bettini spricht sich aufgrund stilistischer Übereinstimmungen zwischen den Klugen und Törichten Jungfrauen, die er als Höhepunkt der Fresken von Hocheppan bezeichnet, und den Miniaturen des Speculum Virginum aus Stift Zwettl für eine Datierung der Fresken um 1230 bis 1240 aus.[68] Karl Gruber erwähnt ebenfalls Marienberg und Venedig als Ausgangspunkte der Hocheppaner Malereien.[69] Mathias Frei stellt in Typologie und Kompositionsschema so stark orientalische Elemente fest, »[...] *daß man geneigt sein könnte, hier das Werk eines direkt im Osten ausgebildeten Malers zu sehen, dessen Gehilfen in manchen Bildern der Seitenwände eine lokale, oft volkstümliche, ja humoristische Note hineinkomponierten«.*[70]

Ob die byzantinischen Formen über den süddeutschen oder aus dem venezianischen Raum nach Hocheppan gelangt sind, bleibt seiner Meinung nach offen, er weist aber auch auf den Einfluß des *Marienberger Schulkreises* hin und schlägt als Datierung der Hocheppaner Fresken um oder bald nach 1200 vor. Silvia Spada-Pintarelli nimmt an, daß die Apsisfresken mit ihren »*klar erkennbaren byzantinisch-aquileiensischen Einflüssen«* von einem Maler stammen, der direkten Kontakt mit diesem Kunstkreis hatte. Die detailfreudigen, fast volkstümlichen Bilder im Schiff schreibt sie einer anderen Künstlerpersönlichkeit zu, die stärker vom nordischen Geschmack bestimmt war.[71]

Schon in den zwanziger Jahren, nach der Freilegung der Fresken an der Nord-, Süd- und Westwand, gelangte man zur Erkenntnis, daß ein Meister und sein Gehilfe an der Ausstattung von Hocheppan beteiligt waren.[72] Nach unserer Meinung lassen sich für die romanischen Fresken eindeutig drei verschiedene Hände unterscheiden, fortan Meister A, B und C genannt. Die Handschrift der einzelnen Künstler tritt sehr konkret in den autonomen Darstellungen auf, deutlich schwieriger ist die Aufschlüsselung bei den szenischen Bildern. Manche lassen sich klar zuordnen, andere wiederum legen nahe, daß sie nicht nur von einer Hand gefertigt wurden. Bei eingehender Betrachtung wird evident, daß der Meister A der führende Künstler dieser Werkstatt war.

Die Wandmalereien im Inneren

Die Bilder der drei Apsiden an der Ostwand *(Abb. 12)* stellen das Herz des Hocheppaner Zyklus dar, sie sind in ihrer hierarchischen und liturgischen Dimension für den sakralen Raum am bedeutendsten und zählen in ihrer hervorragenden künstlerischen Qualität, neben wenigen szenischen Darstellungen und einzelnen Aposteln, zum Werk, das einwandfrei dem führenden Meister A zugeschrieben werden kann.

Die zentrale Darstellung ist die *»Theotokos«*, die Gottesgebärerin, in der Mittelapsis *(Abb. 13,14)*. Sie wird flankiert von zwei adorierenden Engeln, die in ihren verhüllten Händen Sphairen tragen, die als Symbol des Kosmos auf die Weltherrschaft des im Bild soeben inkarnierten Gottes anspielen *(Abb. 15)*. Die thronende Muttergottes nimmt jenen bedeutenden Platz ein, der in den meisten romanischen Kirchen der Majestas Domini vorbehalten ist. Das Apsidenprogramm von St. Margareth in Lana nimmt sich auch des Marienbildes an, lokalisiert es aber in der nördlichen Seitenapsis. Schließlich tradiert noch die Apsis von St. Jakob in Grissian eine byzantinische Bildform, die Deesis mit Christus, Maria und Johannes dem Täufer, die weniger heraussticht, weil sie dem Bild der Majestas Domini in wesentlichen, so auch in der eschatologischen Bildaussage, entspricht. Daß sich so viele der romanischen Kirchen in Südtirol eine derart eminente byzantinische Vereinnahmung angedeihen ließen, spricht für eine dichte Welle byzantinischen Kunstexports, wie er nur nach 1204 möglich war.

Maria in der Apsis einer romanischen Kirche kann nur durch byzantinische Vorbilder erklärt und ikonologisch verstanden werden. Die Gottesmutter thront mit dem göttlichen Kind, das den Segen erteilt. Die Erzengel links und rechts davon beten es an. In der Liturgie kontinuiert die Menschwerdung des Gottessohnes die Gemeinschaft Christi mit den Menschen. Als *Theotokos,* als Gottesgebärerin, ist die Mutter Gottes ganz Mensch und gleichzeitig Urbild der Kirche, sie ist zentral für die Menschwerdung Christi und ihre Rolle geht nun auf die Kirche über.

Die ältesten erhaltenen Darstellungen der Theotokos innerhalb der Apsiswölbung stammen noch aus dem 6. Jahrhundert: Als *»Nikopoia«*, als »siegbringende« Gottesmutter mit ihrem Kind in axial-frontaler Haltung auf dem Schoß[73], sehen wir sie thronend in der Basilika Euphrasiana in Parenzo in Istrien[74] *(Abb. 65)* und in der Panhagia-Kanakaria-Kirche in Lythrankomi in Zypern.[75] In der Euphrasius-Basilika sind programmatische Parallelen der gesamten Ostwand mit Hocheppan festzustellen, so die Theotokos in der Apsis mit Engelwache und die darüber befindliche Christus-Darstellung mit den zwölf Aposteln am Triumphbogen, doch ist das Apsis-Bild durch die Assistenzheiligen gleichzeitig auch ein Stifterbild. In nachikonoklastischer Zeit wurde die Nikopoia zum verbreitetsten Marienbild in byzantinischen Apsisausstattungen[76] und gelangte derart in den Westen. Das früheste Beispiel in einer Apsis befindet sich in Santa Maria in Domnica in Rom (9. Jahrhundert).[77] In der von byzantinischen Mosaizisten ausgeführten Apsis von San Giusto in Triest *(Abb. 66)* aus der Mitte des 12. Jahrhunderts läßt sich der ikonographische Einfluß auf Hocheppan gut nachvollziehen. Die thronende Nikopoia wird von den Erzengeln Michael und Gabriel mit der Sphaira in den Händen flankiert.[78] Eine bedeutende Parallele bieten auch die Mosaiken in der Apsis der Cappella Zen in San Marco in Venedig[79], doch sind von der byzantinischen Ausstattung des 12. Jahrhunderts nur mehr die beiden flankierenden Erzengel mit den Sphairen erhalten.[80]

Doch in Hocheppan ist das Marienbild nicht der übliche Typus der Nikopoia, sondern eine *»Dexiokratousa«,* eine Sonderform der *»Hodegetria«,* die uns in St. Margareth in Lana in der linken Seitenapsis begegnet.[81] Die Hodegetria und die Dexiokratousa sind typologisch nur dadurch zu unterscheiden, daß die Hodegetria[82] das Christuskind auf dem linken Arm, die Dexiokratousa auf dem rechten Arm trägt. Dabei liegen die Wurzeln der Dexiokratousa im Bild der Hodegetria[83] und nicht umgekehrt. Die Hodegetria, der in Byzanz wohl am meisten verehrte Marienbildtypus, galt als Lukasbild.[84] In Byzanz wurde die Entstehung der Bilder gerne als übernatürlicher Prozeß verstanden. Ein solches Geschehen versuchte man auch häufig für die Dexiokratousa zu postulieren, die als spiegelgleiches Bild der Hodegetria durch einen während des Ikonoklasmus mittels eines Wunders erzeugten Abdruck des Urbildes geboren worden sei. Doch findet sich keine byzantinisch zeitgenössische Quelle für diese dem byzantinischen Usus durchaus entsprechende Legende, die das Bild als *»acheiropoietos«,* als nicht von Menschenhand gemalt, kategorisieren ließe. Die Dexiokratousa tritt in Byzanz äußerst spärlich und erst seit dem 11. Jahrhundert auf. Ob sie in ihrer Wirkenskraft und Bildaussage von der Hodegetria unterschieden wurde, ist unklar.[85]

Die Hodegetria begegnet uns erstmals in einer Apsiskalotte in den Mosaiken der Panhagia Angeloktistos in Kiti auf Zypern (Ende 6., Anfang 7. Jahrhundert).[86] Im Westen erscheint die Hodegetria erstmals in der Apsis in den Fresken des Domes von Aquileia (1031), doch handelt es sich um den romanischen Sondertypus einer Marienmajestas[87], der mit der Ikonographie von Hocheppan nichts zu tun hat. Eine stehende Hodegetria ohne die assistierenden Engel bietet die von byzantinischen Mosaizisten ausgeführte Apsiskalotte der Basilika von Torcello (Mitte 12. Jahrhundert), hier befindet sich die Apostelreihe unterhalb Mariens.[88]

Die Mariendarstellung von Hocheppan schließlich definiert das älteste Beispiel einer Theotokos als Dexiokratousa-Typus in einer Apsis und ist überhaupt eines der ältesten existierenden Beispiele dieses Typus. Wichtig ist der Vergleich mit der in vieler Hinsicht übereinstimmenden Darstellung in der Bronzetüre des Barisanus von Trani in Ravello aus dem Jahr 1179 *(Abb. 93).*[89] In keinem Fall handelt es sich in Hocheppan um eine Passionsmadonna, wie dies kürzlich wegen der Schräglage des Christuskindes vorgeschlagen wurde.[90] Der Typus der Passionsmadonna[91] definiert sich ausschließlich über die von assistierenden Engelsfiguren gehaltenen Leidenswerkzeuge *(Abb. 69)*. Die annähernd liegende Position des Christuskindes[92] bezeichnet nicht alleine den »*Anapeson*«, die Liegepose des Todesschlafes. In Kurbinovo (1191) in Mazedonien etwa, wo wir ebenfalls eine mit Hocheppan nahe verwandte Hodegetria mit Erzengelwache in der Apsis sehen *(Abb. 68)*, korrespondiert die Darstellung mit dem Marientod, der sich gegenüber an der Westwand befindet; das liegende Kind fungiert als rhethorische Antithese zur Marienseele in den Händen des herabgestiegenen Christus.[93]

Der Vergleich mit den byzantinischen Programmen, insbesondere der Apsidenzone, ist auch hinsichtlich liturgiegeschichtlicher Zusammenhänge von größtem Interesse. Die enge Verwandtschaft des liturgischen Ritus zwischen Ost und West war gegeben, zumal sich die lateinische (römisch-katholische) und die griechische (orthodoxe) Kirche erst 1054 trennten. Engste Verbindungen und Gemeinsamkeiten blieben noch lange nach dem Schisma erhalten. In der Liturgie der Ostkirche werden von der gesamten geschichtlichen Gestalt Christi der Anfang und das Ende seiner menschlichen Identität, Geburt und Tod, am meisten betont. So steht die Geburt Christi als der Beginn der Erlösungsgeschichte nicht zufällig als Antipode zum Tod auch auf den Diskoi, den eucharistischen Tellern, auf denen die Krippe und das Grab dargestellt sind. In der Prothesis schließlich wird bei der sogenannten Proskomidie, der Vorbereitung der Gaben am Rüsttisch, der Opfertod vergegenwärtigt, das Lamm, das hinwegnimmt die Sünden der Welt. Die beiden Löcher in der Nord- und Südwand von Hocheppan, in denen ein Holzbalken verankert war, auf dem vor dem Dreiapsidenchor und seiner liturgischen Handlungsebene eine Bilderwand befestigt war, bezeugen als Reste einer Ikonostase die enge Verbindung im Kultischen zu den byzantinischen Denkmälern.

Die Einbindung der byzantinischen Marientypen in die romanische Malerei des 12. Jahrhunderts wird auch von der Buchmalerei mitgetragen. Die ganzseitige Illustration im Winchester-Psalter des Heinrich von Blois (1180) mit der thronenden Maria zwischen den beiden Engeln im byzantinischen Ornat *(Abb. 70)* ist ein bedeutendes Zeugnis für die Ausbreitung byzantinischer Bildtypen und Stilkriterien bis nach England.[94]

Die außergewöhnliche Tatsache, daß die Apsis von Hocheppan nicht dem Bild der Majestas Domini, sondern der thronenden Theotokos mit Erzengelwache gewidmet ist, spricht für eine besondere Verehrung der Gottesmutter. Gemeinsam mit der ausgedehnten Kindheitsgeschichte Jesu darf man annehmen, daß das Patrozinium ursprünglich der Gottesmutter oder einem bedeutenden Feiertag aus der Kindheitsgeschichte geweiht war.

Neben den typologischen und kompositorischen Parallelen lassen sich zahlreiche stilistische Übereinstimmungen mit byzantinischen Denkmälern feststellen, die uns vermehrt im sizilianischen und im zypriotischen Kunstkreis begegnen. Das Christuskind im Bild der Hodegetria in der Cappella Palatina von Palermo aus der Mitte des 12. Jahrhunderts[95] zeigt ebenfalls die nackte Fußsohle, genauso das Bild der Panhagia tou Arakou in Lagoudera auf Zypern *(Abb. 69)* vom Ende des 12. Jahrhunderts. Die Bronzetafel des Barisanus von Trani mit der thronenden Dexiokratousa in der Tür des Domes von Ravello (1179) zeigt neben den wichtigen ikonographischen auch manche stilistische Parallelen *(Abb. 93)*, so das Füßchen des Kindes, jedoch ist der Hinweisgestus Mariens mit ihrer Linken ausgeprägt und im Gegensatz zu Hocheppan kommt eine verinnerlichte Beziehung zwischen Mutter und Kind zum Ausdruck, die in der zarten Berührung der Hände und dem leidvoll vorausahnenden Blick der Gottesmutter gipfelt, wo hingegen das Hocheppaner Bild wesentlich statischer, repräsentativer ist, nicht zuletzt wegen der frontalen Haltung und dem Blick Mariens, aber auch wegen der assistierenden Engelsfiguren, die dem Bild wesentlich weniger Intimität zugestehen. Als Apsisbild unterscheidet sich im 12. Jahrhundert die Darstellung noch zwingend von gleichzeitigen ikonischen Darstellungen, die zur privaten Andacht geschaffen wurden und daher nicht vordergründig Repräsentation vermitteln mußten. Letzterer Typus konnte an anderer Stelle im Kirchengebäude untergebracht werden.

Die Apsis der Panhagia-Phorbiotissa-Kirche in Asinou auf Zypern *(Abb. 67)* vom Beginn des 12. Jahrhunderts läßt in der leicht nach vorne gebeugten, in Schrittstellung befindlichen Darstellung der assistierenden Engel eine enge Verwandtschaft mit Hocheppan erkennen, dasselbe gilt für die adorierenden Engel der Apsiden in Hagioi Anargyroi (zweite Hälfte 12. Jahrhundert) und Taxiarches (Anfang 13. Jahrhundert) in Kastoria.[96] In Trikomo in Zypern *(Abb. 73)* aus der ersten Hälfte des 12. Jahrhunderts[97] begegnen uns die assistierenden Engel mit den verhüllten Händen. Eine enge Verwandtschaft zu den byzantinischen Mosaiken Palermos läßt sich durch den Vergleich mit den adorierenden Erzengeln in der Kuppel der Martorana *(Abb. 74)* und jenen an der Westseite des westlichen Vierungsbogens der Cappella Palatina, beide aus der Mitte des 12. Jahrhunderts, konstatieren.

Der Typus des Erzengels mit verhüllten Händen ist normalerweise nicht dem Marienbild mit Engelwache zugedacht, da die Verhüllung eine liturgische Handlung bezeichnet – wie etwa auch bei Darstellungen der Taufe Christi. So sind sowohl in Trikomo als auch in der Martorana in Palermo die so dargestellten Engel nicht in der Apsis, sondern in der Kuppel um das zentrale Christusbild angeordnet, in der sie als himmlische Liturgen fungieren. Diese Verwechslung beziehungsweise Vermengung verschiedener Bildtypen spricht eindeutig für eine vermittelnde Vorlage, nach aller Wahrscheinlichkeit für ein Musterbuch. Aber auch byzantinische Ikonen belegen den Typus[98] und könnten als Paradigma gedient haben.

Die über Kreuz verlaufenden, weißen Schmuckbänder der Engel tauchen erstmals in den Marienberger Kryptafresken auf, in Hocheppan sind sie bei der Erzengelwache der Theotokos und bei Gabriel in der Verkündigung anzutreffen. Auch der Reliquienschrein aus St. Georg in Serfaus (13. Jahrhundert), heute im Tiroler Landesmuseum Ferdinandeum, mit der Darstellung des Jüngsten Gerichts, beinhaltet diesen in der Romanik nur in Tirol anzutreffenden, eigentümlichen Schmuck.[99] Doch auch hier zeigt sich, daß das Detail aus dem byzantinischen Raum stammt: in der Apostelkirche von Perachorio (ca. 1180)[100] finden wir dieses Merkmal bei der Engelsprozession *(Abb. 71, 72)*. Die Ähnlichkeit der Engel aus Perachorio mit denen in der Apsis von Hocheppan ist groß, auch die Mariengesichter lassen sich gut vergleichen *(Abb. 94)*.

Eindrucksvoll ist das Muster der Apsisrahmung von Hocheppan *(Abb. 13)*, es handelt sich um ein Ornamentband, das als »Doppelaxt-Motiv« bezeichnet wird.[101] Es war auch im Westen besonders in karolingischer Zeit geläufig, doch – wie am Beispiel der Ornamentrahmen der Apsiden in den Fresken von Müstair – formal und farblich vollkommen anders ausgeprägt. Die romanische Schicht von Müstair wiederholt das Ornament nicht mehr, beziehungsweise ist davon nichts erhalten geblieben. Vollkommen identisch mit dem Apsidenornamentband von Hocheppan hingegen sind die Rahmungen der Evangelistenbilder dreier byzantinischer Handschriften aus der ersten Hälfte des 13. Jahrhunderts. Eine befindet sich in der Bibliothek des Klosters Iberon am Berg Athos[102] *(Abb. 87)*, eine weitere in der Nationalbibliothek von Paris[103] und schließlich die dritte in der Universitätsbibliothek von Princeton.[104] Die Handschriften[105] zeigen die politische Situation ihrer Entstehungszeit. Einesteils noch kurz vor oder am Beginn der lateinischen Herrschaft über Konstantinopel (1204–1260) entstanden[106], anderenteils in den darauffolgenden Jahren für lateinische Auftraggeber in Konstantinopel angefertigt, gelangten solche Handschriften gezielt in den Westen. Weitere Beispiele dieses Ornamentbandes begegnen uns in der byzantinischen Wandmalerei des 12. Jahrhunderts: in der Panteleimon-Kirche in Nerezi bei Skopje von 1164[107], in der Kirche der Hagioi Anargyroi in Kastoria von 1180[108], und, als wichtigster Vergleich, in der Georgs-Kirche in Kurbinovo von 1191, wo das gleiche Ornamentband wie in Hocheppan die Apsis einfaßt *(Abb. 68)*.

Die Gliederung des Hintergrundes der Apsis von Hocheppan verläuft in drei Streifen beziehungsweise Zonen, dasselbe gilt für die spätkomnenischen Werke der Wandmalerei Nordgriechenlands und Makedoniens, so z. B. wieder in Kurbinovo.[109] Die merkwürdigen weißen Linien mit den Ösen, auf die schon mehrfach hingewiesen wurde, treten innerhalb der romanischen Wandmalerei nur in Südtirol auf, in der Krypta von Marienberg, in Hocheppan und in St. Margareth in Niederlana. Sie stellen eine regionale Eigenheit dar, die unterstreicht, daß Marienberg als unangefochten ältestes dieser Denkmäler durchaus Vorbildcharakter hatte, und daß diese Zyklen in einem knappen zeitlichen Abstand von wenigen Jahrzehnten entstanden sind. Auffälligerweise begegnen uns in der romanischen Schicht von Müstair die Ösen nicht, obwohl Müstair und Hocheppan durch den Meister B in stilistischer Hinsicht so eng beieinander liegen. Doch mußte einer der Hocheppaner Meister die Marienberger Fresken gesehen und dieses dekorative Repertoire übernommen haben. Möglicherweise reflektieren diese Ösenlinien die in der spätkomnenischen Kunst üblichen wellenförmigen Konturen der einzelnen Farbflächen des Hintergrundes, so z. B. wieder in der Georgs-Kirche in Kurbinovo von 1191 *(Abb. 68)*. Dafür sprechen auch die mit den Ösenlinien korrespondierenden Wellenlinien zwischen den beiden untersten Grünzonen und entlang des äußeren Ornamentbandes beim Apsiskalottenbild von Hocheppan. Jedenfalls ist es auszuschließen, daß die Ösenlinien als Trennlinien der einzelnen himmlischen Sphären interpretiert werden können, da sie nachweislich in St. Margareth in Lana in rein ornamentaler Funktion auch als Trennlinien des Rahmensystems beziehungsweise der Hintergrundstreifen auch im nicht himmlischen Bereich, so in der Szene der Begegnung Margareths mit dem Diener des Präfekten Olibrius, anzutreffen sind. Anhand des Theotokosbildes erkennt man, wie gut der Meister von Hocheppan es verstand, die Hintergrundrahmung in ihrer unterschiedlichen Farbigkeit immer kontrastierend zu den Farbflächen der Figurengruppe zu gestalten, so daß trotz der Verwendung weniger Farben niemals gleiche Farbflächen von den Zonen des Hintergrundes mit jenen der Figurengruppe aufeinandertreffen.

Die unter dem Marienbild befindliche Apsiszone ist dem Thema der Klugen und Törichten Jungfrauen gewidmet *(Abb. 16–18)*. Das in der Malerei des westlichen Mittelalters beliebte Sujet hatte in der byzantinischen Kunst lediglich in der Buchmalerei als Illustration zur neutestamentlichen Parabel Mt 25,1–13 Eingang gefunden.[110] Die byzantinische Monumentalkunst pflegte durchaus eschatologische Themen, insbesondere als autonome Bildtypen[111], doch blieb darin das Erlösungsthema der Wiederkunft des Herrn in Herrlichkeit am Ende der Tage dominant und nicht das des Weltgerichtes, für das die Klugen und Törichten Jungfrauen ein Sinnbild sind.[112] Dagegen war dem westlichen Mittelalter die apokalyptische Vision des Weltgerichtes ein allgegenwärtiger Stoff, der Malerei und Plastik gleichermaßen inspirierte. In der Wandmalerei begegnet uns die Parabel der Jungfrauen in der ehemaligen Grabeskirche des Sigward von Minden in Idensen (ca. 1130)[113], im westlichsten Gewölbefeld des Langhauses – dem Jüngsten Gericht gegenüberliegend –, und in Gildebrønde auf Seeland. Im österreichischen Raum wurde das Sujet der Klugen und Törichten Jungfrauen auch in die Wandmalereien der Johanneskapelle in Pürgg und der Deutschordenskirche in Friesach aufgenommen, bei denen aber sowohl Platz als auch Art der Darstellung verschieden sind. Die Tatsache, daß das Thema in der romanischen Schicht von Müstair vom Anfang des 13. Jahrhunderts *(Abb. 75, 76)* und in dem um 1215 zu datierenden St. Margareth in Niederlana[114] *(Abb. 77, 78)* auftaucht, bestätigt die ohnedies in vielerlei Hinsicht nahe Verwandtschaft zu den Fresken von Hocheppan. Zudem verbindet diese drei in ihrer Datierung sehr eng beieinander liegenden Denkmäler auch dieselbe Positionierung des Themas in der zentralen Apsis unterhalb des Kalottenbildes.[115] Darin kann durchaus ein autonomes Charakteristikum der Kunstregion erkannt werden.

Christus steht als Sponsus zwischen den beiden Gruppen in der Mitte und wendet sich den Klugen Jungfrauen im Segensgestus zu. Trotz der Zerstörung rund um das Fenster, die die Christusfigur auf Gesicht und Segenshand reduziert und die Hintergrundarchitektur, die das Himmlische Jerusalem bezeichnet, nur sehr bruchstückhaft wiedergibt, läßt sich die große Übereinstimmung mit dem abgenommenen Müstairer Fresko erkennen *(Abb. 75)*. In Hocheppan wie in Müstair und St. Margareth nähern sich die Klugen Jungfrauen in uniformer, antischer Kleidung (nach Art des Mariengewandes mit Schleierumhang) der Bildmitte in gleichmäßigem Schritt aneinandergereiht und mit derselben stillen, Bescheidenheit ausdrückenden Gestik. Die Törichten Jungfrauen hingegen kokettieren in eleganten Gewändern[116] gemäß der zeitgenössischen Mode. Ihre gezierte, prätentiöse Haltung und Gestik signifiziert verwerfliche Eitelkeit. Der Kleidungsstil des süddeutschen Raumes, wie er im Aldersbacher Kodex[117] oder im »Liet von der Maget« des Werner von Tegernsee in der Berliner Staatsbibliothek (beide um 1200) mit deutlicher Übereinstimmung zu den Hocheppaner Törichten Jungfrauen festgehalten wurde, zeigt, wie international Mode schon damals war.

Die nördliche Seitenapsis ist wieder dem Erlösungs- und Endzeitthema gewidmet *(Abb. 19)*. Sie zeigt in der Kalottenmitte das Lamm Gottes mit dem

Kreuzstab[118] in einem Medaillon *(Abb. 22)*, den Opfertod und den apokalyptischen Sieg über den Tod versinnbildlichend. Darunter stehen Johannes der Täufer und Johannes der Evangelist als die in der Gnade des neutestamentlichen Gottes stehenden Zeugen der Erlösungsgeschichte bei der ersten und letzten Ankunft Christi. Johannes der Täufer steht für den Anfang mit der Menschwerdung und seinem Hinweis auf die Erlösung durch den Opfertod, auf das Lamm Gottes, das hinwegnimmt die Sünden der Welt (Jo 1,29).[119] Johannes der Evangelist steht für das Ende mit der apokalyptischen Vision von Parousie und Weltgericht.

Johannes der Täufer *(Abb. 24)*, zur Rechten des Lammes, ist in seiner hageren Gestalt und mit langem Bart als asketischer Eremit wiedergegeben, wie dies schon seit den frühesten Darstellungen des Heiligen üblich war.[120] Johannes, der als letzter der Propheten und als einer der ersten Zeugen der Menschwerdung Gottes gilt, zeigt mit seiner Rechten auf das Lamm und hält in seiner linken Hand eine Schriftrolle, die ihn im Typus des Propheten ausweist. Das byzantinische Vorbild ist unübersehbar. Ob die Schriftrolle – wie das in Byzanz der Fall ist – auch beschriftet war, bleibt dahingestellt, für den Fall käme am ehesten Jo 1,29 als Textstelle in Frage.[121] Der regenbogenfarbene Fellmantel (Melote) des Johannes, der den Eindruck des asketischen Wüstenvaters verstärkt, ist in Byzanz erst ab dem 11./12. Jahrhundert nachweisbar, und gelangte von dort in den Westen. Ein frühes Beispiel dokumentiert die Taufe Christi im 1160 in Salzburg entstandenen Antiphonar von St. Peter *(Abb. 79)*. Gemeinsam mit den Bildern aus der Johannesvita in Müstair *(Abb. 108)*, dem Apsisbild in St. Jakob in Grissian *(Abb. 80)* und der Taufe Christi in Santa Maria in Pontresina *(Abb. 107)*, sowie diversen Illustrationen anderer Handschriften zählt Hocheppan zu den ältesten romanischen Beispielen dieser Darstellungsform des Heiligen. Das Auftreten Johannes des Täufers in der Prothesis des Dreiapsidenchores läßt sich im byzantinischen Raum um 1100 in Daphni konstatieren. In Nerezi (1164) erscheint Johannes ebenfalls mit dem Fellmantel und der Schriftrolle (Jo 1,29) in einer der Apsiden der Pastophorien auf.

Dem Täufer gegenüber steht der heilige Johannes der Evangelist *(Abb. 25)*. Das gemeinsame Zugegensein der beiden Heiligen in einer Bildzone begegnet uns auch in der Johannes-Kapelle in Pürgg in der Steiermark.[122] In diesem ebenfalls von Byzantinismen angeregten, mit dem Salzburger Kunstkreis der ersten Hälfte des 12. Jahrhunderts in Zusammenhang stehenden Denkmal befinden sich die beiden Heiligen in Blendarkadenfeldern an der Ostwand des Chorraumes, in dessen Gewölbe wiederum das Lamm Gottes in einem Kreismedaillon dargestellt ist. Im Chorraum von Pürgg handelt es sich wie in der Prothesis von Hocheppan um ein apokalyptisches Programm, dem die beiden Johannes sinngemäß einverleibt sind, doch gesellt sich auch das Johannes-Patrozinium zur ikonologischen Begründung dieses Auftretens der beiden Heiligenfiguren an solch prominenter Stelle. Das Thema der beiden Johannes mit dem apokalyptischen Lamm tritt auch in der Eingangsminiatur des Missale von Prémontré (12. Jahrhundert) auf.[123] Die Darstellungsweise des Hocheppaner Evangelisten geht auf das byzantinische Bild des Heiligen als Johannes Theologos zurück, das ihn nicht als jugendlichen Apostel, sondern als greisen Verfasser der Apokalypse zeigt.[124] In Hocheppan besticht die Ähnlichkeit des Heiligen mit Darstellungen von Propheten des Alten Testament wie etwa Jesajas, Ezechiel oder Elias. Als

Verfasser des letzten Buches der Bibel, dem die göttliche Offenbarung der Endzeit eingegeben wurde, ist Johannes Visionär und läßt sich daher sehr gut mit dem gängigen Bild des Propheten vergleichen. Die Übereinstimmung des Hocheppaner Johannes Evangelista mit dem Propheten Elias der um 1180–1190 entstandenen Mosaikausstattung von Monreale *(Abb. 81)*, und die noch bestechendere Ähnlichkeit mit dem Propheten Ezechiel aus dem Chrysostomos-Kloster in Koutsovendis auf Zypern vom frühen 12. Jahrhundert[125] *(Abb. 82)* bestätigen, wie deutlich die Fresken von Hocheppan von den byzantinischen Kunstzentren Zyperns und Siziliens beeinflußt sind.

Das Schuppenornament mit eingestreuten Blattlilien *(Abb. 19)* – es findet sich übrigens auch in der Verkündigung *(Abb. 36)* und in der Kreuzigung an der Außenmauer *(Abb. 63)* – ist in der mittelbyzantinischen Kunst eine Standardformel und taucht in vielen Denkmälern auf. Man kann auch davon ausgehen, daß es in jedem mittelbyzantinischen Musterbuch vertreten war. Der gelbe Farbton imitiert das byzantinische Gold. In St. Jakob in Grissian und in St. Margareth in Lana ist dieses Ornament ebenfalls im Vordergrundstreifen vorhanden. In brauner Farbe und mit vielgliedrigeren Pflanzen sieht man die Variation des Schuppenornamentes in der Szene mit der Engelsvision der Magier (Meister B), genauso taucht es in den Marienberger Kryptafresken auf.

In Müstair[126] befand sich oberhalb der Prothesisapsis (Nordapsis) Johannes der Täufer und Johannes der Apostel mit dem Agnus Dei im Medaillon in ihrer Mitte.[127] Die Darstellung ist nur mehr fragmentarisch erhalten, doch sie bestätigt die programmatische Übereinstimmung mit Hocheppan und ist – immerhin handelt es sich um einen wesentlich größeren Kirchenbau – an ähnlicher Stelle lokalisiert. Darunter zeigt die heute freiliegende karolingische Schicht jenes Thema, das in Hocheppan in der Diakonikonsapsis (Südapsis) dargestellt ist.

Die *»Traditio legis«* *(Abb. 26–29)*[128] bezeichnet die Amtseinsetzung der Apostelfürsten Petrus und Paulus und den ihnen erteilten Missionsauftrag einerseits, sowie die Erscheinung des Auferstandenen vor Petrus – also eine Theophanie mit eschatologischem Aspekt des Einzuges ins Paradies – andererseits.[129] Hier zeigen sich im weitesten Sinn Parallelen zum ikonographischen Programm der Krypta von Marienberg *(Abb. 86)* und noch deutlicher zu St. Johann in Müstair. Steht in Müstair die Traditio legis in unmittelbarem Sinnzusammenhang mit den szenischen Darstellungen der *passio*, der Leidensgeschichte, der Apostelfürsten *(Abb. 85)*, bleibt das Thema in Hocheppan isoliert und bringt daher noch konkreter den repräsentativ-kirchlichen und den endzeitlichen Aspekt des autonomen Bildtypus. Trotzdem stellt sich die Frage, inwieweit die ikonographische Wahl auch als Übernahme eines dem Meister vertrauten Bildes zu werten ist, als Kopie des Bildes aus der romanischen Schicht von Müstair, ohne daß deshalb der gesamte Peter-und-Paul-Zyklus übernommen werden mußte. Unberührt blieb auch bislang die Frage, weshalb Christus in der südlichen Seitenapsis hinter einer Mauer thront, die seine Beine verdeckt *(Abb. 26)*. Möglicherweise handelt es sich um eine Anspielung auf das Paradies als Himmelsstadt, in der Christus bei seiner Wiederkunft in Herrlichkeit am Ende der Zeiten thront.

Die von byzantinischen Künstlern ausgeführten Mosaiken der Martorana von Palermo (1150–1160) dokumentieren eindrucksvoll das auf den Hocheppaner Meister überkommene Vorbild des Apostel Paulus in der Traditio legis *(Abb. 84)*. Auch die Gestalt Christi in der Traditio legis hat ihr Vorbild in den spätkomnenischen Christusbildern, wie die Christus-Philanthropos-Ikone des Neophytos-Klosters auf Zypern (1197–1200) belegt *(Abb. 83)*.[130]

Das Thema des thronenden Christus, flankiert von den ebenfalls thronenden Aposteln, in der obersten Zone der Ostwand *(Abb. 30–32)* – weder Himmelfahrt, Letztes Abendmahl, Apostelkommunion oder Pfingsten – muß als eschatologisches verstanden werden, ausgedrückt als autonomes Bild wie etwa der Pantokrator oder die Deesis.[131] So sind die thronenden beziehungsweise in einer Reihe sitzenden Apostel auch Teil der Darstellungen des Weltgerichtes, wie wir das in byzantinischen Handschriften des 11. und 12. Jahrhunderts oder in der Monumentalkunst beispielsweise in den Mosaiken von Torcello sehen.

Die Apostelreihe an der Ostwand oberhalb der Apsiden trifft man in Südtirol ansonsten nur in St. Margareth[132] an. Diese großteils analoge Darstellung muß jedenfalls später datiert werden und ist bestimmt auf das Vorbild von Hocheppan zurückzuführen.[133] In St. Margareth ist die Majestas Domini in der Kalotte der zentralen Apsis dargestellt, die doppelte, direkt untereinander angeordnete Präsentation des thronenden Christus ergibt demnach keinen Sinn. In der Apsiskonche in St. Leonhard in Nauders und in St. Jakob in Kastellaz stehen die Apostelfiguren in der Apsis. In St. Nikolaus in Matrei sind die zwölf Apostel als Teile des Himmlischen Jerusalem im Oberchor dargestellt.

Die Hocheppaner Apostelreihe mit Christus an der Ostwand bedarf einer eingehenden Untersuchung. Es fällt auf, daß der abschließende Mäander der Ostwand mit den beiden Mäandern der Seitenwände nicht bündig verläuft und im Gegensatz zu diesen nicht doppelt und in wesentlich geringerer Qualität, ja geradezu schlampig ausgeführt wurde. Weiters ist deutlich zu erkennen, daß die sechs Apostel mit ihren Thronen – im Gegensatz zu der einheitlich verlaufenden Sitzbank an den Seitenwänden – sich an den vorgegebenen Strukturen der unteren Zone orientieren müssen und dabei etliche Probleme haben. Die Apostel liefern ein äußerst inhomogenes Bild. Offensichtlich zeigen sie einen deutlichen Qualitätsverlust gegenüber den jeweils drei Aposteln an der Süd- und an der Nordwand *(Abb. 33, 34)*.

Doch selbst innerhalb der sechs Apostel gibt es wieder eine notwendige Unterscheidung der ausführenden Hände. Die beiden rechten Apostel, Matthias (Matthäus?) und Jakobus der Ältere *(Abb. 32)* gehören einer deutlich besseren Künstlerpersönlichkeit an und sind vermutlich noch zur selben Zeit ausgeführt worden, wie der Großteil der sonstigen Fresken. Dabei handelt es sich um jenen Meister B, der in der Tradition der romanischen Fresken von Müstair steht. Die Figuren sind sehr sicher gezeichnet und dank ihres guten Erhaltungszustandes auch in ihrer Farbenpracht noch gut erkennbar. Dabei fehlt ihnen gegenüber den Aposteln der Seitenwände die virtuose Komposition, die naturalistische Modellierung und feine Zeichnung. Sie sind wesentlich westlicher ausgeprägt und neigen zur linearen Stilisierung bei Vernachlässigung des naturalistischen Elements. Sie wirken hölzern und entbehren jener selbstverständlichen, eleganten Körperhaftigkeit. Dafür zeichnet sie ein betonter Reichtum der Accessoires aus, eine Liebe zum Detail, wie man an den preziösen Thronen gut erkennen kann.[134] Als fortschrittliches Moment sind die Suppedanea zu werten, die – angepaßt an die

Haltung der Figuren der beiden Apostel – perspektivisch verkürzt angelegt sind. Ober den Figuren befinden sich wiederum die vertrauten Ösen an den weißen Trennungslinien der Hintergrundrahmen.

Ähnliches gilt auch für den Apostel Andreas *(Abb. 30)*, ganz links an der Ostwand. Er jedoch steht deutlich in der Tradition des großen Meisters der Apsis und eines Gutteils der szenischen Darstellungen, den er kopiert. Er wiederholt im Gesicht die direkt unterhalb stehende Figur des Johannes des Täufers in der nördlichen Apsis *(Abb. 24)*, und das angewinkelte Bein mit der bloßen Fußsohle scheint eine Reminiszenz an das Füßchen des Christusknaben in der Apsis zu sein *(Abb. 13)*. Man hat jedoch den Eindruck, daß der Thron in seiner linkischen Einfachheit jenem späten Maler zuzuschreiben ist, der auch für die restlichen Apostel an der Ostwand ausgemacht werden kann. Dabei wäre die Bezeichnung »Meister« leicht überzogen, da er gegenüber den beiden anderen Meistern der Könnerschaft entbehrt und deren Ideen lediglich kopiert. Das Detail mit der Fußsohle findet sich erst in byzantinischen Christuskinddarstellungen des 12. Jahrhunderts, Meister A nimmt die Idee vorbildgerecht in der Apsis auf, bei Heiligendarstellungen hingegen findet sich das Detail nur in der byzantinischen Buchmalerei und erst ab dem späten 12. und frühen 13. Jahrhundert *(Abb. 88)*.[135] Man kann also davon ausgehen, daß es sich um eine Übernahme der Idee aus der Apsis handelt.

Der große Bruch entsteht jedoch beim Vergleich mit den restlichen Aposteln der Ostwand. Es ist eindeutig, daß die drei Apostel Petrus, Paulus und Thomas sowie die Christusfigur *(Abb. 30, 31)* nicht von den ursprünglichen Meistern A und B geschaffen wurden. Die Qualität der Figuren ist unvergleichlich schlechter. Sie sind äußerst unsicher, ja zittrig in ihrer wirren, keinen Sinn ergebenden Zeichnung. Die Gewandung ist konfus, die Haltung ungelenk und verknöchert, die Gesichter sind nicht modelliert, sondern flach und die Konturen der Figuren sind äußerst ungenau, sie gehen an den Malflächen weit vorbei. Die Throne sind windschief und nicht für den vorhandenen Raum geeignet, jene von Petrus und Paulus schneiden derb in den Ornamentrahmen der Apsis ein. Der Künstler hatte größte Probleme. Petrus hält weder ein Buch, noch eine Rolle, sondern eine Gewandfalte. Das fehlende Gesicht des thronenden Christus schneidet in den Mäander ein. Auch die Nimben unterscheiden sich in ihrer Farbe von denen der anderen Apostel, ebenso die Behandlung des Hintergrundes[136], sogar auf die Ösen wurde verzichtet. Das alles belegt, daß hier von verschiedenen Künstlern zu unterschiedlichen Zeiten gearbeitet wurde. Das unterstreichen auch die bei der letzten Restaurierung festgestellten, herabgefallenen Farbtropfen im Bereich des unteren Registers der Ostwand. Ob es sich bei diesem Maler um einen Gesellen der ursprünglichen Werkstatt handelt, der den Auftrag vollendete, als die beiden anderen Meister möglicherweise wegen eines neuen Auftrages die Kapelle verließen, und damit offensichtlich überfordert war, oder ob es sich um einen Künstler handelt, der erst einige Jahre später das unvollendete Werk zu Ende führte, muß dahingestellt bleiben. Geht man von der ersten Hypothese aus, stellt sich eine weitere Frage: Handelt es sich möglicherweise um jenen Maler (Meister C), der sich in den szenischen Darstellungen durch die manierierten Profilgesichter auszeichnet und wie Meister B mit Müstair in Verbindung gebracht werden kann?

Bei den Aposteln an den Seitenwänden *(Abb. 33, 34)* sind deutlich der Hauptmeister A und Meister B zu erkennen. Auch hier müssen Qualitätsunterschiede festgestellt werden. Nicht stereotypisch, sondern differenziert, individuell und verfeinert sind sämtliche Gesichter, die gemeinsam mit der zur leichten Überlängung neigenden Körpergestaltung den Figuren Eleganz und Erhabenheit zollen. Die Apostel sitzen nicht wie an der Ostwand auf Thronen, sondern auf einer einheitlichen Bank. Es gibt keine Suppedanea, sondern eine gemeinsame Fußzone, die durch weiße Linien perspektivisch verkürzt ist. Ausgezeichnet ist der rechte Apostel an der Südwand *(Abb. 35)*, der dem Meister A zugewiesen werden muß. Er besitzt eine geradezu klassische, komnenische Modellierung und Zeichnung. Die Gewandung ist von höchster plastischer und stofflicher Qualität, das Gesicht charaktervoll belebt. Die beiden anderen Apostel der Südwand *(Abb. 33)* sind im Bereich des Körpers und in ihrer Haltung wieder etwas unsicherer und weniger plastisch. Auch anatomische Schwierigkeiten zeigen sich bei der mittleren Apostelfigur im Bereich der Füße, sie sind nicht stimmig, Probleme tauchen auch beim linken Apostel im Bereich des das Buch haltenden Armes auf. Ihre Gewandung ist zwar um vieles besser als bei den minderwertigen Aposteln der Ostwand, im Vergleich zum rechten Apostel an der Südwand ist die Drappierung jedoch weit weniger gekonnt und verstanden, vielmehr sieht es aus wie die kugelige, parzellenhafte Aneinanderreihung von Körperteilen und Gewandfalten. Die beiden östlichen Apostel der Südwand weisen viele Parallelen mit den Aposteln Matthias und Jakobus an der Ostwand auf und können dem Meister B zugeschrieben werden.

Hervorragend ist die Qualität der Apostel an der Nordwand *(Abb. 34)*, es handelt sich bestimmt um denselben Künstler, der den rechten Apostel an der Südwand ausführte. Die Auffassung der Figuren ist sehr malerisch, Details wie die Haare sind sehr stofflich wiedergegeben und die Gesichter stark individualisiert. Unserem Meister eignet bei bartlosen Figuren die überschneidende Binnenzeichnung des Mundes, ein doppelter unterer Augenkontur, Stirnrunzeln und hervorragend modellierte Gesichter. Auch die Nasen sind bei all diesen Figuren gleich angelegt und aus der gleichen Sicht gezeichnet. Der Vergleich mit den auf Zypern im 12. Jahrhundert entstandenen Gesichtstypen soll die Herkunft des Stiles, den unser Meister vermutlich über ein Musterbuch sich zu eigen machte, verständlichen. Anhand der Panhagia Amasgou-Kirche in Monagri *(Abb. 91)*[137] aus dem 12. Jahrhundert lassen sich grundlegende Parallelen in der Zeichnung und Modellierung der Gesichter feststellen, die bis ins Detail übereinstimmen. Die Gestaltung der bei unserem Meister C so beliebten Profilgesichter haben etwa in der Theotokos-Kirche in Asinou ihr Pendant *(Abb. 92)*.[138]

Die gesamte Ausstattung von Hocheppan verfügt über eine Sockelzone. An der Nordwand zählt nur mehr der östliche Teil zur ursprünglichen Ausstattung, dafür aber die gesamte Sockelzone der Ost- und Südwand. Die Steinschnittmuster an der Südwand und dem südlichen Teil der Ostwand spiegeln die luxuriösen Marmorinkrustationen unterhalb byzantinischer Mosaikausstattungen (z. B. San Marco in Venedig) wider, das Vorhangmotiv hingegen war in der gesamten mittelalterlichen Wandmalerei gebräuchlich. Die Figuren erinnern an Stickereien, ähnlich den Sockelfresken in der Krypta des Domes von Aquileia. In Hocheppan sind die profanen Figuren zu Fabelwesen mutiert *(Abb. 20)*, ein Vergleich dafür bietet sich in der Sockelzone von St. Jakob in Kastellaz. Das Phantastische, Erschreckende, Unheimliche und das Höfisch-Profane, also alles nicht Sakrale, wurde zwar von der romanischen Wandmalerei nicht ausgeschlossen, jedoch getrennt wiedergegeben in eigens vorgesehenen und klar gekennzeichneten Randzonen, eben als Vorhangdekorationen im Sockelbereich, als Atlanten im Stützenbereich oder als interpolierende Droleriemotive im Ornamentstreifen als Abschluß der Fresken zur Decke hin.

Die bereits vielfach zitierte romanische Ausstattung der Klosterkirche von Müstair birgt in der Sockelzone der Hauptapsis ebenfalls zwei Atlanten. Der nördliche Telamon ist nur mehr zu einem sehr geringen Teil sichtbar, der südliche ist vollständig erhalten *(Abb. 89)*. Er stimmt mit dem südlichen Eppaner Telamon auffällig überein. Enge Verwandtschaft beweist auch der Atlant aus der Apsis von St. Margareth in Lana *(Abb. 90)*. Dagegen zeigen die beiden Atlanten der Kirche von St. Jakob in Kastellaz bei Tramin[139] zu beiden Seiten der Apsis in der Sockelzone außer dem Thema als solches überhaupt keine Verwandtschaft.[140]

Die szenischen Darstellungen

Die Verkündigung *(Abb. 36)* zählt zu den qualitätsvollsten Szenen in Hocheppan, das betrifft im besonderen den Erzengel Gabriel, der zu den eindrucksvollsten Gestalten der gesamten romanischen Wandmalerei zählt. Übereinstimmungen mit der Apsidenzone belegen, daß die Szene vom Meister A angefertigt wurde. Gabriel erinnert in seiner Dynamik an die späten Denkmäler der komnenischen Kunst, im speziellen an den Verkündigungsengel in der Kirche Santa Maria dell'Ammiraglio in Palermo (1146–1151), auch La Martorana genannt *(Abb. 96)*, den der Hocheppaner Meister in den nicht mehr naturalistischen, sondern zum Ornament sich verselbständigenden Linien und Kreisen, den überlappenden Gewandfalten und Zickzack-Enden wörtlich zitiert. Die dynamische Bewegung wird durch die eilige Schritthaltung, die vehemente Gestik, aber auch durch die Betonung der Gelenke mittels verstärkter Modellierung durch konzentrische Kreise erzeugt. Der Eindruck wird verstärkt durch die Behandlung der Kleidung mit wehenden Gewandzipfeln und wirbelnden Falten. Die Nähe zu den spätkomnenischen Vorbildern bestätigt ebenso der Vergleich mit dem Erzengel in der Vertreibung aus dem Paradies im 1180–1190 entstandenen Mosaikzyklus von Monreale *(Abb. 95)*.

In der Hocheppaner Verkündigung nimmt Maria *(Abb. 37)* eigenartigerweise nicht mit ihrer rechten, sondern mit der linken Hand die göttliche Botschaft auf. Dieser Fehler kann mit der seitenverkehrten Darstellung des liegenden Apostels in der Metamorphosis-Szene in St. Johann in Taufers verglichen werden, dort allerdings ist er folgenschwerer, da der Apostel dadurch nicht auf Christus, sondern nach außen deutet, und so die Aufmerksamkeit durch seinen Gestus von Christus weglenkt.[141]

Der Dynamik des Engels der Verkündigung, der sich dem Thron Mariens schnellen Schrittes nähert, fehlt der Raum, wie er in den byzantinischen Kirchen zu beiden Seiten der Kuppelpfeiler unter dem Triumphbogen oder bei den sizilianischen Mosaikausstattungen in den gegenüberliegenden Eckzwickeln der

Kuppel bemessen ist. Das verstärkt den Eindruck, daß auch für dieses Thema eine Vorlage aus einem Musterbuch gedient hat, die eine günstigere räumliche Disponierung des Themas erwartete, als dem Künstler in Hocheppan zur Verfügung stand. Niemals jedoch hätte ein byzantinischer Meister den Erzengel der Verkündigung barfüßig dargestellt[142], sondern immer mit purpurnen Schuhen, wie sie schließlich auch die adorierenden Engel der Apsis von Hocheppan tragen.

Die Heimsuchung *(Abb. 36)* ist mit der Verkündigungsszene in einem Bildfeld verschmolzen und wurde vom selben Künstler (Meister A) ausgeführt. Maria und Elisabeth umarmen sich zärtlich, die verinnerlichte Darstellung erinnert an komnenische Wandmalereien dieses Themas oder der Begegnung der sich küssenden Apostel Petrus und Paulus. In ihrer Überlängtheit, den großen schlanken Händen und den Gesichtern stimmen die beiden mit den Klugen und Törichten Jungfrauen der Apsis überein und wurden ebenfalls vom Meister A angefertigt.

Die Tatsache, daß manche der Figuren des Zyklus über Perlreihen am Nimbenkontur verfügen und andere nicht, sei es bei szenischen oder autonomen Darstellungen, ist kein Hinweis für eine Händescheidung. So fehlt der Perlennimbus u. a. auch dem Christuskind in der Apsis im Gegensatz zur Theotokos und den flankierenden Engeln. Dieses preziöse Ornament ist in der mittelbyzantinischen Kunst sehr geläufig, in der Romanik hingegen tritt es äußerst selten auf. In der romanischen Wandmalerei Südtirols begegnet uns der Perlennimbus im Fragment aus der Stiftskirche von Marienberg *(Abb. 123)* und in den Fresken von Maria Trost in Untermais *(Abb. 122)*.

Die Geburtsszene *(Abb. 41)* zeigt im Zentrum die liegende Maria, dahinter das Christuskind in einer Krippe mit Ochs und Esel, links sitzt der in Gedanken versunkene Josef. Maria wendet sich im direkten Gestus einer Magd zu, die in einer Pfanne über dem Feuer ein Essen zubereitet, das sie soeben verkostet. Der Typus der Geburtsdarstellung entspricht in allen Einzelheiten dem byzantinischen Modell, dort jedoch ist die Szene der Verkündigung an die Hirten Bestandteil der Geburtsszene. Die Miniatur des bedeutenden »Phokas-Lektionars« im Kloster Megiste Laura am Berg Athos *(Abb. 97)* aus der Zeit um 1120[143] bestätigt die Kongruenz auf eindrucksvolle Weise und zeigt, daß auch die Hocheppaner Hirtenverkündigung nur in diesem unmittelbaren Zusammenhang zu verstehen ist. Selbst der greise Hirte im dunklen Fellmantel, der mit übereinandergeschlagenen Beinen sitzende Hirte mit dem Judenhut, der herabeilende Engel und die Ziegen wurden in Hocheppan nicht vergessen *(Abb. 44, 47)*.

Die lokale Note mit der »knödelessenden« Magd[144] *(Abb. 45)* läßt sich hingegen nur durch die Verquickung zweier szenischer Details erklären, die der Hocheppaner Meister inhaltlich nicht verstanden hatte. Die byzantinischen Geburtsdarstellungen zeigen genau an dieser Stelle das von ein bis zwei Mägden vorgenommene Bad des Christuskindes. Das gilt auch für die Cappella Palatina in Palermo (Mitte 12. Jahrhundert)[145] *(Abb. 100)*, wo als weitere szenische Einzelheit zwei der Magier dem Christuskind Schüsseln mit Goldkugeln darbringen, die von unserem Meister in der ihm zur Verfügung stehenden Vorlage als Speise mißverstanden wurden.

Eine weitere Übereinstimmung mit der Cappella Palatina und der etwa gleichzeitigen Darstellung in der Martorana in Palermo[146] zeigt die als architekturhaftes Gebilde ausgeprägte Krippe. Dieses Detail begegnet uns auch im Tetraptychon des Katharinenklosters am Berg Sinai vom späten 12. Jahrhundert *(Abb. 104)*. Der Großteil der Geburtsszene ist in seiner hohen Qualität dem Meister A zuzuschreiben, besonders gelungen ist die Figur des verinnerlichten Josef *(Abb. 46)*. Lediglich die knödelessende Magd verrät die Hand des Meisters C und erinnert stark an die zu Tische sitzende, gierig die Mahlzeit verschlingende Figur aus der Hochzeit zu Kana.

An der Westwand setzt sich der Kindheitszyklus mit der Darstellung der Epiphanie fort *(Abb. 48)*. Hier hat sich in der chronologischen Erzählfolge ein Fehler eingeschlichen, da die Darstellungen des Ritts der Könige und der Begegnung der Könige mit Herodes hätten vorgereiht werden müssen. Die Drei Magier huldigen dem Christuskind. In ihrer individualisierten Darstellung stellen sie die drei Lebensalter dar, wohl um ihre unterschiedliche Herkunft zu signalisieren, tragen sie verschiedene Kronen. Die zwei jüngeren sind bartlos wiedergegeben, sie stehen als lange Gestalten aufrecht in zweiter Reihe und halten ihre Gaben noch im Arm. Der dritte König im Vordergrund, er ist der Älteste und damit auch in einer Vorrangstellung, verbeugt sich ehrfürchtig und reicht mit beiden Händen sein Geschenk dar. Maria thront mit dem Christuskind auf ihrem Schoß und reicht ihre Hand nach vor, um die Gabe anzunehmen. Das segnende Kind ist nahezu deckungsgleich wie in der Apsis wiedergegeben *(Abb. 14)* und läßt wieder durch Überschränkung der Beine die linke Fußsohle erkennen. Die Gewandung der Marienfigur ist in Farbigkeit und Faltenwurf fast identisch mit der Apsisdarstellung, nur daß die Figur nicht frontal, sondern in Dreiviertelansicht dargestellt ist. Als Weggeleiter der Drei Magier und als hieratischer Vermittler im Zeremoniell tritt der zwischen den Königen und der Theotokos schwebende Engel auf, der einen Kreuzstab hält. Sein Gesicht stimmt mit den Engeln in der Apsis und mit Gabriel in der Verkündigung vollkommen überein. Die überaus qualitätsvolle Epiphanieszene kann ebenfalls dem Meister A zugewiesen werden.

In typologischer und stilgeschichtlicher Hinsicht verrät die Darstellung in jedem Fall byzantinische Vorbilder. Im Gegensatz zu der in die Geburtsdarstellung integrierten Anbetung der Könige, wie in der Cappella Palatina in Palermo *(Abb. 100)*, wo Maria sich auf ihrer Liegestatt befindet, ist die Hocheppaner Darstellung mit der thronenden Maria und der um die Beine verkürzten Engelsfigur dem Typus des eigenständigen Epiphaniebildes verpflichtet, wie er uns häufig in der byzantinischen Buchmalerei begegnet. Eines der seltenen Beispiele in einer Kirchenausstattung befindet sich in den byzantinischen Mosaiken von Daphni bei Athen (um 1100), hier allerdings mit einer ganzfigurigen Engelsgestalt.

Es folgt an der Westwand der Ritt der Könige *(Abb. 51)*. Die Könige entsprechen jenen in der Epiphanie, lediglich die Kronen wurden ausgewechselt. So trägt der älteste König jetzt die zweistöckige, an eine Tiara erinnernde Krone, in der Epiphanieszene ist es eine Bügelkrone. Einer der Könige reitet durch ein reich mit Zinnen bekröntes Tor, das die Stadt Jerusalem bezeichnen soll. Die beiden anderen reiten nebeneinander auf die Stadt zu, wie durch den Hinweisgestus des älteren Königs ersichtlich ist. Leider ist die Szene bis auf das Tor nur mehr sehr schlecht erhalten.

Der Königszyklus setzt sich an der Nordwand fort. In der Szene der Begegnung mit Herodes *(Abb. 50)* bleiben die Drei Könige in ihrer bereits in der Epiphaniedarstellung gezeigten Rangfolge, auch die Altersunterscheidung bleibt aufrecht. In ihren reichen höfischen Gewändern treten sie vor den auf einem Faltstuhl thronenden Herodes, der seine Beine verschränkt und von einem Höfling im Hintergrund begleitet wird. Der vordere König spricht mit Herodes, währenddessen die beiden hinteren miteinander die Lage zu beraten scheinen. Die Begegnung spielt sich offensichtlich in einem der Szene angemessenen Palastraum ab, der durch die mit Bögen verbundenen, kostbaren Marmorpfeiler angedeutet wird. Im Unterschied zu den Königen zeigt die Herodesfigur mit ihren verschränkten Armen und überkreuzten Beinen eine gewisse Unsicherheit in der Darstellung, es fällt daher ziemlich schwer, die gesamte Szene einem der Meister zuzuordnen. Die Figur des Höflings mit dem manierierten Gesichtstypus in Profilansicht läßt zumindest eine teilweise Zuschreibung an den Meister C, also den Gehilfen, zu. Große Ähnlichkeit zeigen die Darstellungen in der Szene des Sturzes nach der Himmelfahrt des Simon Magus in Müstair *(Abb. 98)* und die des Olibrius in St. Margareth in Lana, der ebenfalls mit Bügelkrone und purpurnem Mantel ausgestattet ist *(Abb. 101)*, auch er verschränkt die Beine und bewegt die Arme in entgegengesetzter Richtung. Die Begleitfigur zu Olibrius hat einen Profilkopf wie der Höfling in der Szene von Hocheppan.

Die Traumwarnung der Magier durch einen Engel *(Abb. 49)*, der wie bei der Epiphanie in verkürzter Form vom Himmel herabschwebt, zeigt die Könige noch im gemeinsamen Bett, während rechts davon bereits einer der Könige zu Pferde die Stadt verläßt. Auf diese Weise ist die Szene mit der Flucht der Könige zu einem Bild verwoben. Wieder gestaltet sich die Zuweisung an eine Hand als schwierig, es mutet allerdings unwahrscheinlich an, daß der Hauptmeister A mitgewirkt hat. Das Engelchen zeigt in der Drappierung und Modellierung der Gewandung eine gewisse Ähnlichkeit mit den Aposteln des Meisters B. Von hoher Qualität sind die die Stadt thematisierenden Architekturversatzstücke, die wie an der Südwand auch als Trennelement dienen. Die mit Blättern versehenen Schuppen in der Bodenzone begegnen uns übrigens sowohl in der Marienberger Krypta als auch in St. Margareth in Lana.

Das Programm von Hocheppan verfügt über auffällig zahlreiche Szenen aus der Kindheitsgeschichte Jesu unter gleichzeitigem Verzicht vieler wichtiger Festtagsszenen des christologischen Zyklus. So fehlen etwa die Verklärung Christi, die Auferweckung des Lazarus, Christus am Ölberg, die Fußwaschung und alle postpassionalen Szenen wie Auferstehung und Himmelfahrt.[147] Der eigenwillig ausgedehnte Drei-Königs- und Herodes-Zyklus läßt sich auch nicht wirklich durch die Funktion als Burgkapelle eines bedeutenden Adelsgeschlechtes erklären, da der herodianische Themenkreis wegen seiner negativen Besetzung nicht als höfisch-feudales Vorbild dienen konnte. Möglicherweise müssen wir auch hier auf das Vorbild des Meisters von St. Johann in Müstair reflektieren, dessen Gehilfe zweifelsohne als Meister C in Hocheppan tätig war und auch für den herodianischen Zyklus der Kindheitsgeschichte Jesu mitverantwortlich zeichnet. In Müstair existiert heute nur mehr ein geringer Teil der romanischen Ausstattung, er beschränkt sich auf die Zone des Dreiapsidenchores. Gemäß dem Patrozinium von Müstair nimmt der untere Bildstreifen der Hauptapsis die szenische Darstellung des Festmahls des Herodes mit dem Tanz der Salome und der Enthauptung Johannes des Täufers ein *(Abb. 108)*. Da die Figur des Herodes so eng mit der Vita Johannes des Täufers von seiner Kindheit bis zu seinem Tode verbunden ist, und die Kindheitsgeschichte Johannes des Täufers mit jener Jesu Christi sowohl in der Bibel und noch mehr im apokryphen Pseudoevangelium des Jakobus einhergeht, ist es nicht unwahrscheinlich, daß ein ähnlich reicher Kindheitszyklus auch in St. Johann in Müstair zugegen war. Der Umstand, daß in Hocheppan der Bethlehemitische Kindermord *(Abb. 52–54)* in zwei szenischen Darstellungen verläuft und die zweite Szene wohl die äußerst seltene Darstellung der Ermordung des Zacharias, des Vaters des Johannes, zum Thema hat, kann diese Hypothese untermauern. Es wäre durchaus denkbar, daß in Analogie zum hypothetischen Zyklus von Müstair die liegende Frauenfigur in Hocheppan als eine Verquickung des Themas der mit entblößter Brust geschundenen Rachel mit der Szene der Flucht der Elisabeth mit Johannes ins Gebirge (PsJac 22,3) zu deuten ist. Für den Bethlehemitischen Kindermord, der von den Meistern B und C ausgeführt wurde, kann zur Ermordung des Zacharias die Würgeszene bei der Festnahme des heiligen Stephanus in Müstair als Vergleich herangezogen werden *(Abb. 99)*. Die Darstellung des Herrschers mit überkreuzten Beinen findet sich übrigens in zahlreichen westlichen und östlichen Vorläufern dieses Themas.[148]

Für die Flucht nach Ägypten *(Abb. 55)* im unteren Register der Südwand stehen wieder byzantinische Vorbilder Pate. Josef schreitet voran, er trägt den Christusknaben auf seinen Schultern und hält die Zügel des Esels, auf dem Maria im Damensitz reitet. Dahinter geht eine junge männliche Gestalt. In den Mosaiken der Cappella Palatina in Palermo stimmt die Szene völlig überein, ebenso in der byzantinischen Handschrift in der Bibliothek des Athosklosters Esphigmenou des 12. Jahrhunderts *(Abb. 102)*.[149] Das Fresko hat leider durch den starken Abrieb viel an Qualität eingebüßt.

Die Darbringung im Tempel *(Abb. 56)* demonstriert, daß Hocheppan bereits Entwicklungen innerhalb der szenischen Typologie der byzantinischen Kunst aus der zweiten Hälfte des 12. Jahrhunderts verarbeitet. War es vorher noch üblich, den Christus-Knaben in dieser Darstellung bei seiner Mutter zu belassen, spiegelt Hocheppan bereits das Bild der zärtlichen Umarmung Christi und des greisen Symeon. Im selben Typus stellt sich das Thema in der Hagios-Stephanos-Kirche in Kastoria dar, in der Panhagia Amasgou-Kirche in Monagri auf Zypern *(Abb. 103)*[150], aber auch in der Lunette des Tetraptychons des Katherinenklosters am Berg Sinai vom späten 12. Jahrhundert *(Abb. 104)*.[151] Über dem Altar sieht man den auf Säulen ruhenden Baldachin, das Ziborium, das als Kürzel für den Tempel von Jerusalem den Ort des Geschehnisses definiert. Vom Baldachin hängt über dem Altar ein Kronleuchter herab.

Auch die Darstellung der Taufe Christi *(Abb. 57)* nimmt eindeutig das byzantinische Muster auf. Johannes' Taufhandlung wird durch die nach oben steigende Schrittstellung zu einem dynamischen Akt, Johannes, mit langen Haaren und krausem Bart, blickt zur herabkommenden Taube des Heiligen Geistes, ebenso der hintere der beiden in Zeremonialfunktion stehenden, adorierenden Engel mit den verhüllten Händen. Christus ist bis auf das Haupt von den Wassern des Jordan umgeben. All diese Details finden sich auch in byzantinischen Handschriften des 11. und 12. Jahrhunderts, im Cod. 587 des Athosklosters Dionysiou *(Abb. 105)*[152] und im Cod. 1 des Athosklosters Iberon[153], aber auch in Monumentalzyklen wie Daphni (1100). Auch der kürzere, beinfreie Eremitenumhang ist in manchen byzantinischen Darstellungen, so beim Tetraptychon aus dem Katherinenkloster am Berg Sinai vom Ende des 12. Jahrhunderts *(Abb. 104)*, zugegen. Er begegnet uns auch in den bedeutenden Mosaiken der Cappella Palatina in Palermo von der Mitte des 12. Jahrhunderts *(Abb. 106)*. Das Fresko der Taufe in St. Maria in Pontresina im Engadin *(Abb. 107)*, das sich auch durch starke byzantinische Einflüsse auszeichnet, variiert dennoch gegenüber der Hocheppaner Darstellung in mancher Hinsicht.

Alle bisherigen Szenen im unteren Register der Südwand zeigen jene Merkmale, die wir für die beiden Hauptmeister A und B geltend machen, wenngleich es auch aufgrund des stark verblaßten und abgeriebenen Erhaltungszustandes der Fresken nicht möglich ist, klar zu spezifizieren. Da die Szenen jedoch bei weitem nicht jene Virtuosität besitzen wie etwa die Verkündigung im oberen Register, halten wir es für wahrscheinlicher, daß hier zu einem guten Teil der Meister B am Werk war. Dabei holte er sich etwa in der Gestalt Mariens in der Darbringung im Tempel die Vorlage aus der darüberliegenden Verkündigung, wenngleich die Figur wesentlich unbeholfener und gedrungen erscheint. Der greise Symeon erinnert an die Gestalt des Johannes Evangelista in der linken Seitenapsis. Am schwächsten sind die Figuren der Taufe Christi, die Gesichter sind zwar qualitätsvoll, doch die Körper des Täufers und Christi sind deutlich minderwertig.

Von allen szenischen Darstellungen ist die Hochzeit zu Kana *(Abb. 58)* die einzige, die nicht byzantinisch geprägt ist. Einmalig begegnet uns hier der bartlose erwachsene Christus. Maria kopiert den in den anderen Szenen schon vorgegebenen Frauentypus. Ein weiteres Mal bestätigt sich der enge Zusammenhang zwischen Hocheppan und Müstair. Als Vergleich dient das in der dortigen Hauptapsis situierte Gastmahl des Herodes *(Abb. 108)*, dessen Tafel mit genau denselben Speisen und demselben Geschirr in vergleichbarer Anordnung gedeckt ist. Selbst die weibliche Figur mit dem eigenwilligen, in Stofffransen endenden Kleid ist den beiden Szenen gemein. Anhand der zahlreichen Profilköpfe sowie der manieriert spröden Körperauffassung läßt sich die Szene als Werk des Meisters C erkennen, dessen Verwandtschaft mit Müstair jedenfalls außer Zweifel steht.

Der Zyklus setzt sich im unteren Register der Westwand fort, die Szene des Einzugs in Jerusalem *(Abb. 59)* ist bereits soweit zerstört, daß man nur mehr die Umrisse der Figuren – Christus auf dem Esel mit segnender rechter Hand und dahinter die Apostelschar – erkennen kann. Geringfügige Freskenreste befinden sich auch in der nordwestlichen Ecke der Kapelle, die an der Westwand das Letzte Abendmahl und an der Nordwand die Gefangennahme zum Thema hatten.

Die Passionsszenen der Verspottung und der Geißelung Christi sind leider nur mehr fragmentarisch erhalten. Die Verspottung – Christus steht dornenbekrönt und mit verbundenen Augen zwischen den ihn als König der Juden verhöhnenden Schergen – ist ein in Kirchenausstattungen äußerst rares Thema und hat in Hocheppan eines seiner ältesten Zeugnisse in der gesamten mittelalterlichen Wandmalerei. Im verwandten Mosaik in San Marco in Venedig fehlt die in Hocheppan vorhandene Augenbinde. Als nächster Vergleich für dieses Thema dient in der Monumentalkunst alleine die Holzdecke von Zillis. Ähnlich verhält es sich mit der Geißelung, auch sie stellt eine Besonderheit dar, da sie in der Monumentalmalerei zuvor nur im Passionszyklus von Sant'Urbano alla Caffarella in Rom (1001) gesichert erhalten ist.[154]

Die Darstellung der Kreuzigung *(Abb. 60)* ist nicht ursprünglich, sie geht auf einen Eingriff gegen Ende des 13. Jahrhunderts zurück. Der Grund dafür ist unklar. Die vorhandene Szene ist äußerst schlecht erhalten, ihre kümmerlichen Reste lassen keine hohe Qualität erkennen. Der spätere Stil und die Zäsur in der Qualität werden zudem durch den unverkennbar minderwertigen, ungeübten Mäander und eine andere, rein ornamentale Formulierung der Sockelzone dokumentiert. Möglicherweise sind die östlich davon gelegenen Spuren einer stehenden Gestalt mit gesenktem Haupt und überkreuzten Armen die Reste eines Schmerzensmannes. Dieses im Westen erst im späten 13. Jahrhundert, also in der beginnenden Gotik aufgegriffene, insbesondere für die Entwicklung des Andachtsbildes bedeutende Thema leitet sich von den im 12. Jahrhundert in Byzanz entstandenen Bildern der *»Akra Tapeinoseis«* ab. Ein sehr bedeutendes Exemplar eines solchen byzantinischen Schmerzensmannes ist die doppelseitige Tragikone im byzantinischen Museum von Kastoria *(Abb. 109),* die aus der zweiten Hälfte des 12. Jahrhunderts stammt.

Zur ursprünglichen Ausstattung gehört wieder die Kreuzabnahme *(Abb. 61),* die mit der Darstellung der Frauen am Grabe nahtlos ineinanderläuft. Beide Szenen wurden zumindest großteils vom Meister C gemalt. Vordergründig bei der Kreuzabnahme ist das byzantinische Motiv der demütigen Liebe Marias zu ihrem toten Sohn. Maria legt ihre Wange an das Gesicht des Leichnams, der gerade vom Kreuz abgenommen wird. Zwei Männer mit Profilgesichtern sind gerade dabei, die Nägel aus den Füßen und der Hand herauszuziehen. Sowohl der Umstand, daß zwei Figuren synchron damit beschäftigt sind, wie die Darstellung der oberen kleinen Figur, die am Kreuzbalken kauert, zu dem eine lange Leiter hinaufläuft, sind untypisch. Eine Parallele dazu findet sich in den etwas späteren Fresken von San Bartolomeo in Romeno. Die bedeutende Darstellung der Kreuzabnahme in St. Jakob in Söles *(Abb. 111, 112)* zeigt den krassen qualitativen Unterschied zwischen den stark byzantinisch orientierten Künstlern, denen auch der Meister A von Hocheppan zugehört, und den rudimentären Schöpfungen regionaler Meister beziehungsweise Gehilfen. In enger Verbindung mit der Söleser Kreuzabnahme ist das Fassadenbild von St. Nikolaus in Latsch zu verstehen.

Für die frommen Frauen am Grabe *(Abb. 62)* bietet sich der Vergleich mit der Miniatur aus dem Sakramentar des Uldarich[155] an *(Abb. 110),* einer Handschrift des 12. Jahrhunderts, deren künstlerische Qualität im Vergleich zu den Fresken von Hocheppan roh und unbeholfen ist.

Die Hintergrundarchitekturen von Hocheppan bezeichnen ein weiteres Mal die enge Verwandtschaft mit den besprochenen byzantinischen Denkmälern in Italien. Kein zweiter romanischer Zyklus in Südtirol beinhaltet ein derartig reiches Repertoire an architektonischen Formen. Schon in den versatzhaften Hintergrundkulissen von Lambach wurde immer wieder auf byzantinische Vorbilder verwiesen.[156] Die Architekturen von Hocheppan sprengen das strenge romanische Rahmensystem und suggerieren das Streben nach räumlicher Tiefe. Selbst das Rahmensystem wird in Hocheppan durch die Variierung von Rechteck- und Bogenfeldern zu einem architektonischen Element.

Direkt über dem Eingang in die Kapelle befindet sich die Darstellung der Kreuzigung (Abb. 63). Christus am Kreuz wird von Maria und Johannes flankiert, dazwischen befinden sich die deutlich kleineren Figuren der Soldaten, Longinus mit der Lanze und der Soldat mit dem Essigschwamm. Da das Fresko schon sehr verblaßt ist, kann man die differenzierte Hintergrundgestaltung nur mehr schwach erkennen. Drei Bögen, ein größerer in der Mitte hinter dem gesenkten Haupt Christi und zwei kleinere in der Verlängerung über den Köpfen Marias und Johannes', gliedern den Hintergrund. Der äußere Rahmen ist grün, die Bogenfelder sind in Lapislazuliblau gehalten. In den Bogenzwickeln sind die beiden Kreise mit den Darstellungen von Sol und Luna. Seitlich begrenzen zwei Säulen mit Kapitellen die Szene, den oberen Abschluß bildet ein Palmettenfries, den wir in der Rahmung des Marienbildes in der zentralen Apsis der Kapelle wiederfinden. Der Fries ruht wie ein Architrav auf den seitlichen Kapitellen. Der Untergrund aus dem gelben Schuppenornament und darin eingestreuten Blümchen ist in der linken Seitenapsis und bei der Verkündigungsszene im Kircheninneren vorhanden.

Die Kreuzigungsszene verrät sofort die hohe Könnerschaft des führenden Meisters A und zeigt deutlich byzantinische Anleihen. Eine Ähnlichkeit besteht mit der 1170–1180 entstandenen Kreuzigungsszene der Mosaiken von San Marco in Venedig (Abb. 113), insbesondere die flankierenden Personen in ihrer Haltung und Gestik betreffend. Die Hocheppaner Figuren verfügen aber über deutlich mehr Volumen und bekennen sich verstärkt zur dramatischen, leidvoll verinnerlichten Bildaussage. Der gekreuzigte Christus von Hocheppan, mit seinen dünnen, langen Armen, ist wesentlich gewundener, sein Körper hat die S-Form einer Figura serpentinata und soll so leidvolle Geschundenheit und Tod visualisieren. In San Marco hat man noch den Eindruck, daß Christus aus eigener Kraft stehen kann. Ergiebig ist auch der Vergleich mit den Darstellungen der Kreuzigung in der Zelle und in der Klosterkirche des heiligen Neophytos in der Nähe von Paphos auf Zypern (1183). Gegenüber San Marco ist hier der spätkomnenische Zug zur Verinnerlichung noch ausgeprägter, die Darstellung des menschlichen Schmerzes und Leides hat eindeutig Priorität. Von einer solchen Vorlage, die nicht vor den letzten Jahren des 12. Jahrhunderts in den Westen gelangt sein konnte, muß der Hocheppaner Meister seine Anregung bekommen haben. Zu diesem Thema finden sich auch wertvolle Parallelen innerhalb der romanischen Denkmäler Südtirols, allen voran die Kreuzigungsszene in St. Jakob in Söles (Abb. 114, 115), die noch eindringlicher und ganz im byzantinischen Stil die berührende Botschaft vermittelt. Dagegen sind die Pathosformeln in der Kreuzigung von St. Medardus in Tarsch bei Latsch (Abb. 116) – hier befindet sich die Szene ebenfalls an der Fassade über dem Eingang, und auch das Schuppenornament in der Vordergrundzone wird wiederholt – wesentlich plumper, ohne jene feine Sensibilität und Stille, wie sie in Hocheppan und noch mehr in St. Jakob in Söles verwirklicht wurden.

Unvergleichlich größer liegt östlich von der Kreuzigung die Jagdszene *(Abb. 64)*. Der Bildtypus mit dem Reiter, der ins Horn stößt, den hetzenden Hunden und dem Hirschen, der sich zu seinen Verfolgern umwendet, geht auf byzantinische Darstellungen der Bekehrung des heiligen Eustathios zurück. Im Pantokrator-Psalter[157] und im Chludov-Psalter[158], beide aus dem 9. Jahrhundert, sind bereits alle wesentlichen Bildelemente enthalten, die Miniatur im Menologion von Esphigmenou[159] vom 11. Jahrhundert *(Abb. 117)* liegt zeitlich näher und zeigt eine große Übereinstimmung mit der Hocheppaner Fassadenszene. Da die für die Deutung als Szene der Bekehrung des hl. Eustathios entscheidende Kreuzerscheinung im Geweih des Hirschen in Hocheppan fehlt, müßte der Künstler – wenn man von diesem ikonographischen Thema unmittelbar ausgeht – die byzantinische Vorlage nicht verstanden haben. Dies kann nicht a priori ausgeschlossen werden, da solche Mißverständnisse ja auch im Inneren der Kapelle (Magd in der Geburtsszene) stattgefunden haben. Signifikante Ähnlichkeit zeigt die Hocheppaner Darstellung im Vergleich mit den Eustathios-Bronzeplatten des Barisanus von Trani in den Kirchentüren von Ravello (1179) und Monreale (1185–1189), bei denen nur der reitende Heilige mit den Hunden, nicht jedoch der Hirsch dargestellt wurde *(Abb. 119)*. Für eine Interpretation als Eustathios würde auch die sehr ähnliche Szene auf einem Kapitell des 12. Jahrhunderts in der Kirche Ste. Madeleine im französischen Vézelay sprechen, die als dieses Thema gedeutet wird.[160]

Jagdszenen sind in der christlichen Ikonographie äußerst selten, eine der wenigen Übernahmen dieses zuhöchst profanen Themas begegnet uns in den Darstellungen zum Weltleben der Maria Magdalena mit dem Ausritt zur Jagd. So verlockend der Gedanke auch sein mag, in der Hocheppaner Jagdszene eine solche Darstellung zu erkennen[161], zumal sich dadurch auch für die Klärung des ursprünglichen Patroziniums der Kapelle eine willkommene Hilfe anbieten würde, so wenig läßt sich eine diesbezügliche Deutung absichern. Hätte zum Zeitpunkt der Anbringung der Fresken ein Magdalenenpatrozinium existiert, so wäre es äußerst merkwürdig, warum man nur dieses entfernte Detail aus ihrem Weltleben, in dem sie selbst gar nicht erscheint, am Kirchenäußeren ins Programm aufgenommen und nicht – wie etwa in St. Magdalena im Gschnitztal – die Heilige selbst dargestellt hätte. Das stärkste Gegenargument bringt allerdings der jüngst aufgedeckte spätromanische Freskenfund in Tötschling bei Brixen, wo eine identische Darstellung die Fassade einer Kirche mit Johannes-Patrozinium ziert *(Abb. 120)*.

Als Ausgangspunkt weiterer Überlegungen lassen sich die fünf Bildchen, die in Maria Trost in Untermais in den Mäander oberhalb des Marientodes eingefügt sind, zum Vergleich heranziehen. Sie zeigen eine ins Horn blasende Halbfigur, je einen zum Sprung ansetzenden Hund, zwei nebeneinander laufende Hunde und die Hinterbeine eines unbestimmbaren Tieres. Was dort ein Einschub in die Rahmendekoration ist, wurde in Hocheppan als selbständige Komposition an die Außenwand versetzt, allerdings auch hier gleichsam gebannt und entschärft durch die räumliche Nähe zur Kreuzigung ober der Tür. Ausschlaggebend für die Wahl des Bildes könnte nicht zuletzt die hohe Identifikationsmöglichkeit von Jagd und Reiter im ritterlich-höfischen Milieu gewesen sein. Für eine Herkunft aus dem dämonisch bestimmten Randbereich der Heilsgeschichte spricht auch die Darstellung eines Hornbläsers in der Sockelzone von St. Veit am Tartscher Bichl[162] *(Abb. 118)*. Das 1997 an der Nordwand von St. Johannes in Tötschling, einer kleinen Kirche im Mittelgebirge westlich von Brixen, aufgedeckte Fassadenbild *(Abb. 120)* ist geradezu als Kopie der Hocheppaner Jagdszene zu bezeichnen. Lage, Ikonographie, Stil und sogar die besondere Technik, auf einem älteren Putz den Freskenfeinputz in sehr sparsamen Flächen für den Reiter, die Hunde und den Hirschen getrennt aufzutragen, stimmen in allen Details mit Hocheppan überein. Der einzige Unterschied besteht darin, daß am linken Bildrand eine fragmentarisch erhaltene männliche Figur mit erhobenem Schwert auf den Hirsch wartet.[163] Die in der Ausführung ein wenig gröbere Malerei dürfte etwas später als Hocheppan entstanden sein. Die Übernahme des seltenen Bildmotivs läßt Verbindungen vermuten, die wir nicht kennen. Sollte das Gemälde mit den Grafen von Eppan zusammenhängen, könnte vielleicht Egno von Eppan, seit 1240 Bischof von Brixen, der Auftraggeber sein. Außerdem belegt der Neufund erstmals einen engen Kontakt zwischen der romanischen Wandmalerei im Vinschgau beziehungsweise im Etschtal und jener im Raum Brixen, die bisher stets als voneinander unabhängig betrachtet wurden. Daß dem vordergründig profanen, ja geradezu höfischen Bild von Hocheppan eine symbolische Bedeutung zukommt, kann nicht bezweifelt werden, eine befriedigende Interpretation wurde aber bisher nicht vorgeschlagen. Karl Atz sah im Hirschen das Sinnbild der in diesem Leben von den Feinden stets verfolgten menschlichen Seele.[164] Giuseppe Gerola interpretierte die Szene in Analogie zur Darstellung am Portal von San Zeno in Verona als Höllenritt des Gotenkönigs Theoderich.[165] Obwohl wesentliche Bildelemente wie der Höllenrachen und das schwarze Pferd fehlen, haben Garber[166], Weingartner[167], Morassi[168], Hoeniger[169] und Egg[170] diese auch aufgrund des völlig verschiedenen kulturellen Umfeldes nicht aufrechtzuhaltende Deutung übernommen. Da in Tirol keine Ursache bestand, den beliebten Helden negativ darzustellen, schlug Hans Szklenar vor, *»[…] in dem Reiter gewissermaßen den der Lossprechung aus der Hölle würdigen Dietrich des Nibelungenliedes zu erkennen«*.[171] In andere Richtung wiesen Achim Masser und Max Siller, die im Bild die vermessene Jagd des Heidenkönigs Aron auf dem goldenen Hirsch aus der Spielmannsdichtung vom heiligen König Oswald sehen.[172] Die kulturgeschichtlichen Zusammenhänge mit dem von den Welfen und den Grafen von Eppan geförderten Oswald-Kult überzeugen, eindeutige Anhaltspunkte, wie der goldene Hirsch, fehlen aber. Der heilige Bernhard erwähnt neben anderen monströsen Bildern *»venatores tubicinantes«*[173], die nochmals generell eine Herkunft aus dem dämonischen Randbereich nahelegen, eine Lesung auf anderen Ebenen, darunter auch jene mit Bezug auf das Oswald-Lied, aber nicht ausschließen. Die von Masser und Siller vorgeschlagene Deutung hat vor kurzem Giovanna Fogliardi zur Erklärung eines neu aufgedeckten Wandbildes des heiligen Oswald aus dem ersten Viertel des 13. Jahrhunderts in der Martinskapelle von Schloß Stenico im Trentino herangezogen.[174] In der Darstellung des in der Diözese Trient damals noch nicht eingeführten Heiligen – dementsprechend trägt er keinen Nimbus – sieht sie eine Geste der Huldigung des Auftraggebers Nicolò von Stenico an seine Lehensherren, die Grafen von Eppan, die den heiligen Oswald besonders verehrten. Es bleibt allerdings unerklärlich, warum in Hocheppan nicht der Heilige selbst, sondern sein Gegenspieler Aron dargestellt worden sein sollte.

Für die Schwierigkeit der Interpretation dieser Szene spricht nicht zuletzt die Tatsache, daß bereits rund hundert Jahre nach ihrer Entstehung der ikonographische Sinn nicht mehr verstanden und das Bild zu einer Georgsdarstellung umgewandelt wurde.

Conclusio Der kunsthistorische Befund von Hocheppan läßt die Zuordnung zu ausschließlich einem bestimmten Kunstzentrum nicht zu, die stilistischen und ikonographischen Bezüge führen zu unterschiedlichen Vorbildern, deren Mehrzahl aber in der byzantinischen und byzantinisch beeinflußten Kunstsphäre eruiert werden können. Eine direkte byzantinische Herkunft der Künstler kann selbst bei dem sich getreu an den östlichen Vorgaben orientierenden Meister A von Hocheppan aber nicht konstruiert werden.

Die immer wieder zitierte Verwandtschaft Hocheppans mit den Mosaiken von San Marco in Venedig und den Fresken in Aquileia hält einer genaueren Betrachtung nicht stand. Eine solche Verwandtschaft hätte zwar ein vages historisches Fundament im Kontakt, den Graf Ulrich III. von Eppan mit Bischof Wolfger von Passau pflegte, der 1204 zum Patriarchen von Aquileia geweiht wurde.[175] Doch lassen sich nur sehr allgemeine Übereinstimmungen feststellen, wie etwa byzantinische Standardformeln der szenischen Ikonographie oder die westlich geprägte Sockelzone mit den Vorhangmotiven.

Der manierierte Stil der Mosaiken der Passionsszenen von San Marco (1195–1205) kann nicht außer Betracht gelassen werden. Die ausdrucksstarken, wenngleich nicht zur Stereotypie neigenden Gesichter, häufig im verzerrten Profil, erinnern tatsächlich in mancher Hinsicht an die Gestalten unseres Meisters B, wenngleich die körperliche Auffassung der Figuren und ihrer Gewänder mit den kegeligen Gelenken, den Fischblasen und Wellensäumen in San Marco deutlich manierierter ist, mit einer noch stärkeren Neigung zur Ornamentalisierung, wie dies etwa auch in den Mosaiken von Monreale der Fall ist. Im Vergleich dazu ist der Meister A von Hocheppan, trotz verwandter Züge – beispielsweise beim Engel der Verkündigung –, wesentlich malerischer.

Der byzantinische Einfluß auf den Meister A gelangte wesentlich direkter nach Hocheppan, dessen Freskenzyklus unmißverständlich die komnenischen Denkmäler Siziliens und Zyperns[176], aber auch Buchmalereien aus dem byzantinischen Kernland zitiert. Letztere kamen in reicher Zahl in den ersten Jahren des 13. Jahrhunderts in den Westen. Ihre gattungsspezifische Ähnlichkeit zu Musterbüchern, deren Existenz unbestritten ist, liegt auf der Hand. Sie kann aber die leidige Lücke nicht schließen, die der Mangel an solchen erhaltenen, unmittelbaren Vorlagen aufreißt. Musterbücher standen nicht unter der sorgfältigen Obhut eines Kirchenschatzes oder einer Bibliothek, sie waren Teil eines handwerklichen Arbeitsprozesses, für den sie benötigt wurden. In unseren Erwägungen über die Mittlerrolle zu den aufgezeigten byzantinischen Vorbildern kann ihre Bedeutung nicht hoch genug eingeschätzt werden.

Das späte 12. und frühe 13. Jahrhundert ist die Zeit der Kreuzzüge. Die Kreuzfahrer zogen ins Gelobte Land, insbesondere nach Jerusalem, das von der islamischen Herrschaft zu befreien als ein heiliges Ansinnen galt. 1197/98 begibt sich Ulrich III. von Eppan im Gefolge von Herzog Friedrich I. von Österreich auf den Kreuzzug ins Heilige Land.[177] Als Zeuge unterzeichnet er 1197 auf einer kaiserlichen Urkunde in Messina. Von Sizilien aus setzte man Richtung Akkon über, unterbrach jedoch die Route in Zypern, um König Almarich durch Reichskanzler Konrad die Königskrone aufzusetzen. Es ist mehr als nur wahrscheinlich, daß den hohen Gästen, die ja Pilger waren, aus diesem Anlaß auch die bedeutenden Kirchen und die gerühmten byzantinischen Kunstschätze und Reliquien zugänglich waren. 1198 starb Herzog Friedrich von Österreich in Palästina. Zuvor verfaßte er noch eine Urkunde, in der er Heiligenkreuz zu seiner Grabesstätte bestimmte und das Kloster großzügig beschenkte. Diese Urkunde wurde u. a. von Graf Ulrich von Eppan als Zeuge unterzeichnet. Ulrich war also auf diesem Kreuzzug und – er war in Sizilien und auf Zypern. Ein weiteres Mal beteiligt sich Ulrich III. an den Kreuzzügen, diesmal von 1217 bis 1219. Gemeinsam mit Herzog Leopold VI. von Österreich, der übrigens seit 1203 mit der byzantinischen Prinzessin Theodora vermählt war, segelte er wieder zuerst nach Zypern, dann nach Akkon und belagerte schließlich die ägyptische Stadt Damiette, wo er erneut als Zeuge eine Urkunde unterzeichnete[178], doch schon Ende 1219 war Ulrich spätestens zurückgekehrt und hielt sich bei Unterfertigung einer Urkunde in Ulm auf.[179] Die vielen ikonographischen und stilistischen Parallelen des Hocheppaner Zyklus mit den Wandmalereien des 12. Jahrhunderts auf Zypern wiegen schwer, warum also sollte nicht mittels Musterbüchern, Handschriften oder Ikonen die Memoria an das Gesehene, unausweichlich Faszinierende im Freskenzyklus der eigenen Hauskapelle als eine prestigeträchtige Devotionalie aufrechterhalten worden sein. Bedenkt man die Umstände und Gefahren, unter denen damals die fernen Ziele erreicht wurden, die tiefen Eindrücke, welche die unmittelbare Anschauung der byzantinischen Kunstwerke in einem Mann des alpinen Westens hinterließ, ist es verlockend, hinter den Byzantinismen Hocheppans den Wunsch des Auftraggebers zu vermuten.

Aufgrund der eben skizzierten Abhängigkeit von Werken aus der spätesten Phase der komnenisch-byzantinischen Kunst kann der Freskenzyklus von Hocheppan auf keinen Fall vor den letzten Jahren des 12. Jahrhunderts entstanden sein. Mit dem stilistischen und ikonographischen Befund stimmt das urkundlich überlieferte Datum der Teilnahme Graf Ulrichs III. von Eppan am Kreuzzug 1197/98 und sein Aufenthalt in Sizilien und Zypern überein. Dort könnte er aufgrund der neuen Eindrücke oder vielleicht wegen eines Gelöbnisses die Anregung zur Ausmalung der bestehenden Kapelle erhalten haben. Welchen Einfluß dabei selbst gesehene Wandgemälde oder mitgeführte Ikonen, Handschriften und Musterbücher hatten, läßt sich natürlich mangels deren Existenz in heutiger Zeit nicht mehr feststellen. Derselbe Graf Ulrich III. ließ um 1200 die Burg von Hocheppan errichten; es liegt auf der Hand, daß er in diesem Zusammenhang die Ausmalung der ja schon bestehenden Kapelle in Auftrag gab. Der plausibelste Zeitpunkt für das Entstehen des Hocheppaner Freskenzyklus liegt zwischen der Eroberung Konstantinopels durch die Kreuzfahrer im Jahre 1204, mit dem damit einhergehenden immensen Schub byzantinischer Beeinflussung der westlichen Kunst, und dem Ende der Bauarbeiten für die Burg, die ungefähr um 1210 datieren.

Wohl kurze Zeit nachdem zumindest unsere beiden Hauptmeister A und B Hocheppan verlassen haben, wurde entweder von einem zurückgebliebenen Gehilfen (Meister C ?) oder von anderwärtiger, unvermögenderer Hand die Ostwand mit den fehlenden Aposteln und dem Mäander fertiggestellt. Leider haben wir heute so gut wie keine Kenntnis über Werkstattstrukturen des romanischen Mittelalters, die uns diese Zäsur begreiflich machen. Eine nicht unerhebliche Veränderung erfuhr die Ausstattung an der Nordwand vermutlich am Ende des 13. Jahrhunderts, als aus ungeklärten Gründen in einem Teil des unteren Registers eine neue Freskenschicht mit der Kreuzigung und einem Schmerzensmann entstand.

Wesentlich komplexer wird die Frage der Datierung, wenn man die Hocheppaner Wandmalereien in das enge Beziehungsnetz, das die im Vinschgau und Etschtal erhaltenen Fresken miteinander verknüpft, einordnen möchte.

Zu Beginn ist das Verhältnis zu den frühestens zwischen 1175 und 1185 entstandenen Kryptafresken von Marienberg zu klären, die den Ausgangspunkt der romanischen Wandmalerei im Vinschgau darstellen. Ihr Einfluß zeigt sich in Hocheppan nicht so sehr im Stilistischen, sondern in kompositionellen Grundlagen. Das gilt vor allem für die grünen und blauen Streifenhintergründe bis hin zum Detail der lappenartigen Ösen an den weißen Trennlinien zwischen den Farbzonen, auf die schon Garber hingewiesen hat[180], ferner für die zarten Bänder im Haar und an den Flügeln der Engel. Auch der feine weiße Kreuzstab in der Hand des Engels bei der Anbetung der Könige erinnert an die Hoheitszeichen der Engel in der Marienberger Krypta. Die Bodengestaltung mit stilisierten Blumen in schuppenartigen Ornamenten im Traum der Könige und im Bethlehemitischen Kindermord gehen auf das Vorbild in der Hauptapsis der Krypta zurück. Was im Stilbereich die Kopfformen betrifft, lassen sich nur im Typus der heiligen Petrus und Paulus Ähnlichkeiten feststellen. Köpfe und Figuren sind in Hocheppan kompakter, weniger überlängt, und daher nicht so vergeistigt wie in der Krypta.[181]

Die Fresken der romanischen Ausmalungsphase von St. Johann in Müstair weisen vor allem in Komposition und Ikonographie Übereinstimmungen mit Hocheppan auf. Die verschiedenfarbigen Streifen des Hintergrundes und die Palmettenfriese bilden hier wie dort das Gerüst für die Szenen. In der Müstairer Hauptapsis wurde ebenfalls das Thema der Klugen und Törichten Jungfrauen verwirklicht, das abgenommene Fragment der Klugen Jungfrau und jenes mit Christus vor der Stadt des Himmlischen Jerusalem belegen die große Ähnlichkeit der beiden Denkmäler. In der nördlichen Seitenapsis bieten sich der thronende Kaiser Nero sowie Petrus und Paulus zum Vergleich mit Herodes und mit den Apostelfürsten in Hocheppan an. Die Bügelkrone und das übergeschlagene Bein kehren ebenso wieder wie die Kopftypen der Heiligen. Mit großer Wahrscheinlichkeit entsprach auch das Bildthema der Konche, die Traditio legis, die in der karolingischen Erstfassung erhalten ist, jenem in der südlichen Apsis von Hocheppan. Das Gastmahl des Herodes in der Mittelapsis von Müstair entspricht in Komposition und vielen Details der Hocheppaner Szene der Hochzeit zu Kana; die Frauenfigur mit dem in Streifen auslaufenden Rock stimmt völlig überein mit derselben Figur in Hocheppan und der bunte Fellmantel des Kirchenpatrons von Müstair, in der dem Herodianischen Mahl gleichsam zugehörigen Enthauptungsszene, entspricht dem Gewand des Johannes in der linken Seitenapsis von Hocheppan. Eine Brücke zur Marienberger Krypta bietet schließlich das Architekturkürzel der Zinneneinfassung des zentralen Themas in der Müstairer Mittelapsis. Die Architekturpartien, die dekorativen Elemente wie das Steinschnittmuster und der doppelte Mäander, aber auch die Telamone im Sockelbereich verraten eine bestechende Ähnlichkeit zwischen Müstair und Hocheppan. Schließlich stimmt die in drei Grüntönen gehaltene Bodengestaltung unter den Engeln der Hocheppaner Hauptapsis mit der durchwegs verwendeten in Müstair auffallend überein. In stilistischer Hinsicht läßt sich der Meister A von Hocheppan in Müstair auf keinen Fall nachweisen, während der Meister B in den Köpfen der trauernden Figuren am Begräbnis des Johannes und der Meister C in den zahlreichen Profilköpfen zu erkennen ist. Bereits Rasmo hat die traditionelle Datierung der romanischen Malereien von Müstair in das dritte Viertel des 12. Jahrhunderts[182] verworfen und deren Entstehung im ersten Jahrzehnt des folgenden Jahrhunderts nach jenen von Hocheppan und Grissian angesetzt.[183] Seiner Datierung schließen wir uns an, den Einfluß sehen wir aber von Müstair in Richtung Hocheppan und nicht umgekehrt. Die auffallend breit angelegten Herodesszenen in Hocheppan finden in der Johannesgeschichte von Müstair Vorbild und Erklärung, da es sich dort um den Titelheiligen handelt.

Doch Hocheppan verarbeitet nicht nur ungleich mehr byzantinische Elemente in der Ikonographie, sondern auch im Stil. Man vergleiche nur den wesentlich dramatischeren Faltenwurf und die cloisonnéartigen, linearen Weißhöhungen der reichen Binnenzeichnung der Gewänder.

Den 1967 entdeckten Fresken von Maria Trost *(Abb. 121, 122)* verdanken wir die Erkenntnis, daß in Südtirol ungefähr gleichzeitig mit Hocheppan Malereien entstanden sind, deren Ikonographie und Stil in weit stärkerem Maße byzantinisch geprägt sind. Die bis dahin in Hocheppan erstmals festgestellte stilistische Erneuerung in diesem Geist ist somit weder zeitlich noch räumlich als einmalig zu bezeichnen. Mit allen Vorbehalten, die sich aus dem zufällig erhaltenen Bestand ergeben, dürfen wir annehmen, daß die neuartigen Malereien von Maria Trost, die Rasmo zurecht einem Maler aus dem östlichen beziehungsweise unmittelbar vom Osten beeinflußten Kulturraum zuweist[184], auf Hocheppan eingewirkt haben.

Völlig neue Zusammenhänge eröffneten die Fresken, die 1993 anläßlich einer Kirchengrabung des Landesdenkmalamtes unter dem Boden von St. Jakob in Söles bei Glurns geborgen wurden. In zeitaufwendiger und mühevoller Arbeit konnten aus den zahllosen Fragmenten drei Szenen, Kreuzigung *(Abb. 114, 115)*, Kreuzabnahme *(Abb. 111, 112)* und das Opfer Kains weitgehend zusammengestellt werden. Die außergewöhnliche Qualität und der hervorragende Erhaltungszustand der Bilder, die nie übermalt und nie restauriert worden sind, zeichnet sie als das bisher bedeutendste Zeugnis byzantinisch geprägter Wandmalerei der Romanik in Südtirol aus.[185] Die historische Verbindung zum Kloster Marienberg – der Söleshof wird urkundlich 1178 als Eigentum des Klosters bestätigt – läßt eine Abhängigkeit von dort erwarten. Allerdings nicht von den älteren Kryptafresken, die eine verschiedene stilistische Ausprägung haben, sondern von der Ausmalung der im Jahre 1201 geweihten Stiftskirche. Diese ist zwar im Zuge der Barockisierung verschwunden, 1980 wurden aber bei der Öffnung des südlichen Treppenzuganges zur Krypta mehrere gut erhaltene Freskenfragmente gefunden. Darunter befindet sich ein nimbierter Frauenkopf *(Abb. 123)* und Reste von Blümchen, die mit den Fragmenten von Söles bis ins Detail übereinstimmen. Wir dürfen daher in Söles ein in den Farben weniger kostspieliges – anstelle des teuren Lapislazuli wurde Blaugrau für die Hintergründe verwendet – Werk des Meisters, der die Stiftskirche ausgestattet hat, sehen. Dieselben Blümchen mit weißem Rand finden wir am Boden der Seitenapsiden und der Verkündigung von Hocheppan, wo sie mit dem Schuppenmuster der Marienberger Krypta verwendet werden. Das von Rasmo 1972 im Raum von Bozen und Meran vermutete, byzantinisch beeinflußte künstlerische Zentrum läßt sich demnach mit guten Gründen in der Stiftskirche von Marienberg lokalisieren. Der Frauenkopf aus der

Kirche und mehrere der Köpfe aus Söles zeigen eine eigenartige Gestaltung der Mundwinkel mit zwei sich öffnenden Strichen. Dieses Charakteristikum kehrt beim Marienkopf am Marientod von Maria Trost *(Abb. 122)* ebenso wieder, wie bei allen Köpfen, die dem Meister A von Hocheppan zuzuweisen sind. Das Marienberger Kopffragment weist auch die gleiche Grünuntermalung auf wie an den Inkarnaten von Hocheppan. An der Herkunft des Hocheppaner Meisters aus dem engsten Umkreis des bedeutenden Künstlers, der für die Stiftskirche von Marienberg und St. Jakob in Söles verantwortlich zeichnet, kann daher kaum ein Zweifel bestehen, eine Gleichsetzung der beiden Hände ist aber nicht zulässig.

Da die Stiftskirche von Marienberg 1201 geweiht wurde, die erhaltenen Fragmente aber zudem auf einer älteren Freskenschicht liegen *(Abb. 124)*, kann die Ausmalung frühestens einige Jahre später entstanden sein. Die Welle byzantinischer Kunst, die nach der Eroberung von Konstantinopel im Jahre 1204 auch Mitteleuropa erreicht hat, läßt sich damit gut in Einklang bringen.

Setzt man die östlich geprägte Erneuerung der Wandmalerei anläßlich der Ausmalung der Stiftskirche an, so werden die Einflüsse der älteren Kryptafresken und der neuen byzantinischen Malweise, die gemeinsam in Hocheppan, Grissian und Müstair nachweisbar sind, schlagartig besser verständlich. Der Auftrag, der an Größe alle anderen bisher bekannten im westlichen Südtirol übertraf, erforderte aus arbeitstechnischen Gründen mehrere Maler. Einen, der die neue östliche Komponente stärker betont, finden wir in Maria Trost wieder, einen anderen, der auch Elemente aus den Kryptabildern verarbeitet, als Meister A in Hocheppan. Zwei weitere, die Hocheppaner Meister B und C waren in Müstair, St. Nikolaus in Burgeis und Hocheppan, etwas später auch in Grissian und in Lana tätig. Der rote Streifenhintergrund in Müstair, der in der Marienberger Krypta fehlt, in Söles aber vorhanden ist, läßt sich auf Söles beziehungsweise auf die Stiftskirche von Marienberg zurückführen. In die gleiche Richtung weist auch der seltene Bildtyp der Kreuzabnahme mit der Entfernung des Nagels aus der linken Hand Christi. Das Vorbild von Söles wurde in St. Nikolaus in Latsch und in Hocheppan nachgeahmt. Wir sind uns bewußt, daß diese Hypothese durch neue Funde widerlegt werden kann und daß auch eine andere, unabhängig und parallel verlaufende Entwicklung denkbar ist. Die enge Vernetzung von Stil und Ikonographie läßt aber eine gemeinsame Wurzel in einem epochalen Werk, von dem wir nur einige Bruchstücke besitzen, als durchaus plausible Möglichkeit erscheinen. Die Ausmalung der Stiftskirche von Marienberg dürfte unter Abt Johannes I. (1194–1213) erfolgt sein, bei dem der Chronist Goswin hervorhebt, daß er ein Mann von großer Bildung war.[186] Die beeindruckende Neuheit der Malereien und ihre Qualität erklären den Wunsch nach der Ausstattung mehrerer älterer Kirchen in dieser Art, die innerhalb eines kurzen Zeitraumes erfolgt ist.

Die vorhandenen Übereinstimmungen von Hocheppan mit den Marienberger Fresken der Stiftskirche und der Krypta spiegeln sich auch in den historischen Zusammenhängen zwischen den Grafen von Eppan und dem Marienberger Kloster wieder. Ulrich II. von Tarasp[187] war mit der mutmaßlichen Schwester der Grafen Heinrich I. und Ulrich II. von Eppan verheiratet[188], er übte bereits die Vogtei über das Schulser Kloster aus. Deren Sohn Ulrich III. von Tarasp stattete mit seiner Gemahlin Uta das Kloster Marienberg mit beträchtlichen Stiftungen aus. Gemeinsam unternahmen Ulrich und Uta eine Wallfahrt ins Heilige Land. Die

Beziehungen zwischen den Grafen von Eppan und Marienberg sind weitreichend. Maria, die Frau Heinrichs II., bestimmte das Kloster zu ihrer letzten Ruhestätte, der Sohn Friedrichs II. von Eppan-Ulten wurde der erste Abt von Marienberg, der nicht aus dem Mutterkloster Ottobeuren entsandt wurde. Von diesem Abt Friedrich berichtet der Chronist Goswin[189], daß er mit seiner Familie zahlreiche Wohltaten erwiesen habe, so daß bis auf den Umstand, daß die Eppaner nicht als Stifter des Klosters eingingen, ihre Bedeutung für das Kloster annähernd jener der Familie von Tarasp gleichkommt. Wen könnte es also Wunder nehmen, daß Ulrich III. für die Ausstattung seiner Burgkapelle einen Hauptmeister beauftragte, der mit den Marienberger Fresken vertraut war, einen Meister, dessen künstlerisches Schaffen sich an dem gerade in dieser Zeit so prestigeträchtigen byzantinischen Stil orientierte, und Ulrich so die Verwirklichung seiner durch die Kreuzzüge angeregten Bildvorstellungen ermöglichte.

Als unmittelbares Vorbild wirkt Hocheppan in den Malereien von St. Margareth in Lana nach, die um 1215 datiert werden können.[190] Maria in der Nordapsis, die Klugen und Törichten Jungfrauen, die Apostel und einzelne Szenen aus der Vita der Titelheiligen sind aus Hocheppan übernommen, auch die weißen Trennlinien mit den Ösen am Streifenhintergrund. Die Kreuzigung an der Außenwand von St. Medardus bei Tarsch hängt über Hocheppan mit Söles beziehungsweise Marienberg zusammen. Auch die altehrwürdige Burgkapelle von Sigmundskron erhielt gegen Ende des zweiten Jahrzehnts des 13. Jahrhunderts eine neue Ausmalung, die trotz des fragmentarischen Zustandes die Charakteristika wie Steinschnittmuster und Rahmendekorationen zeigt[191], die uns in den Malereien der besagten Werkstattgruppe begegnen. Weiters müssen die vor kurzem aufgedeckten Malereien in der Burgkapelle von Stenico erwähnt werden, die sich in vereinfachter Form und schwächerer Qualität an die Ausmalung von Hocheppan anlehnen. Die Aufteilung in Sockelzone mit Steinschnittmuster, zwei Bildregister und Palmettenfries unter der ursprünglichen Decke sowie die Szenen der Verkündigung und der Geburt vor Streifenhintergrund belegen dies. Als Lehensmann der Eppaner versuchte der Auftraggeber Nicolò di Stenico das große Vorbild nachzuahmen. Letzte Ausklänge der Hocheppaner Kapelle verspürt man in San Bartolomeo in Romeno und in St. Jakob in Kastellaz bei Tramin. Sind es dort Geburt, Anbetung der Könige, Kreuzabnahme und das Steinschnittmuster, so hier die zu nackten Trägerfiguren veränderten, schaurigen Telamone, die in diese Richtung weisen. Damit endet die Glanzzeit der romanischen Wandmalerei im Vinschgau, Etschtal und im angrenzenden Trentino.

ANMERKUNGEN

1 Erstmals bei K. Atz, Die Burgruine Hocheppan, in: Mitteilungen der k.k. Central-Commission, Wien 1882, XXVIII, und G. Dahlke, Romanische Wandmalereien in Tirol, in: Repertorium für Kunstwissenschaft, Bd. V (1882), 133.

2 J. Weingartner/M. Hörmann-Weingartner, Die Burgen Tirols, Innsbruck-Wien-München-Bozen 1981³, mit Literaturangaben.

3 G. Dahlke, op. cit. (Anm. 1), 120, erwähnt fünf Stufen, die von der Kapellentür auf den vertieften Boden hinunterführen. Eine Höherlegung des Fußbodens nach 1882 ist wohl auszuschließen, da sich nirgends ein Hinweis dafür findet. Die Angabe dürfte daher auf einer Verwechslung beruhen.

4 N. Rasmo, Hocheppan, Bozen 1973³, 24.

5 A. Wagner, Hocheppan – Untersuchungen zu Burg und Adel, Diplomarbeit Universität Salzburg 1991, 86.

6 Eine Photographie aus dem Ende des letzten Jahrhunderts zeigt den frisch verputzten Ausbruch.

7 H. Nothdurfter, Hocheppan, Kapelle, in: Denkmalpflege in Südtirol 1986 – Tutela dei beni culturali in Alto Adige 1986, hrsg. vom Landesdenkmalamt, Bozen 1988, 19.

8 N. Rasmo, op. cit. (Anm. 4), 24.

9 Ibid., 8.

10 A. Wagner, op. cit. (Anm. 5), 89.

11 Rasmos Behauptung (N. Rasmo, op. cit. [Anm. 4], 14), daß die Empore zwar vorhanden, aber nicht mehr in Gebrauch gewesen sei, überzeugt nicht. Da sie die Malereien nicht unwesentlich beeinträchtigt, hätte man sie bei der Ausmalung entfernt, wenn sie nicht mehr verwendet worden wäre.

12 B. Mahlknecht, Die sogenannte »Bozner Chronik«, aus dem 14. Jahrhundert, in: Der Schlern, 70. Jahrgang (1996), 650.

13 M. Bitschnau, Burg und Adel in Tirol zwischen 1050 und 1300 – Grundlagen zu ihrer Erforschung (= Österreichische Akademie der Wissenschaften, Philosophisch-historische Klasse, Sitzungsberichte, 403. Bd.), Wien 1983, 191.

14 Siehe Ibid., 187.

15 Ibid., 187.

16 K. Atz, op. cit. (Anm. 1), XXVI.

17 M. Bitschnau, op. cit. (Anm. 13), 191.

18 H. Stampfer, Zu den Malereien an der Burgkapelle von Hocheppan, in: Der Schlern, 68. Jg. (1994), 694.

19 H. Nothdurfter, Lana: Kirchengrabungen als Geschichtsreliquien, in: 1000 Jahre Lana, hrsg. von der Marktgemeinde Lana, Lana 1990, 154. Aufgrund des Abdruckes für Chorschranken (?) hält Nothdurfter auch eine Entstehung im 8./9. Jahrhundert für möglich.

20 A. Wagner, op. cit. (Anm. 5), 120.

21 Diese Verbindungen wurden erstmals untersucht von J. Nössing, Die Grafen von Eppan und das Kloster Marienberg, in: Churrätisches und st. gallisches Mittelalter. Festschrift für Otto P. Clavadetscher zu seinem fünfundsechzigsten Geburtstag, hrsg. v. H. Maurer, Sigmaringen 1984, 99–107.

22 Vgl. Anm. 14. N. Rasmo, op. cit. (Anm. 4), 19, bezeichnet die Annahme des Magdalenenpatroziniums als Fehldeutung eines Dokumentes.

23 Zitiert nach N. Rasmo, op. cit. (Anm. 4), 19.

24 Vgl. N. Rasmo, op. cit. (Anm. 4), 19 f.

25 Zitiert nach A. Wagner, op. cit. (Anm. 5), 91.

26 K. Atz, Die alten Wandgemälde in der Capelle der Burgruine Hoch-Eppan, in: Mitt. der k.k. C.C., Wien 1873, 277.

27 K. Atz, Brief vom 5. 11. 1898, Akte Hocheppan, Archiv des Landesdenkmalamtes Bozen. Atz ersucht die Central-Commission, zur Herstellung einer neuen Tenne für den Pächter 40 Gulden aus dem Staatsbeitrag nehmen zu dürfen.

28 K. Atz, Brief vom 14. 12. 1880, Akte Hocheppan, Archiv des Landesdenkmalamtes Bozen.

29 A. Siber, Bericht Über die Catharina-Capelle der Burgruine Hocheppan, in: Mitt. der k.k. C.C., Wien 1896, 168.

30 A. Siber, Brief vom 1. 5. 1899 an die k.k. Central-Commission, Akte Hocheppan, Archiv des Landesdenkmalamtes Bozen.

31 P. Buberl, Die Restaurierungsarbeiten an der Burgkapelle in Hocheppan, Tirol. Bericht in der Akte Hocheppan, Archiv des Landesdenkmalamtes Bozen.

32 K. Atz, Brief vom 22. 6. 1907 an die k .k. Central-Commission, Akte Hocheppan, Archiv des Landesdenkmalamtes Bozen.

33 G. Dahlke, op. cit. (Anm. 1), 127.

34 Von N. Rasmo, op. cit. (Anm. 4), 16, erstmals als solches erkannt.

35 N. Rasmo, Il castello di Appiano, in: Cultura Atesina, XIX (1965), 18.

36 Die Szene galt bis zur Entdeckung der Iwein-Fresken auf Schloß Rodeneck als einziges romanisches Wandgemälde profanen Inhalts in Tirol, siehe noch E. Enzenberg, Hocheppan, München-Zürich 1972.

37 Die einzelnen Epochen sind nach der jeweils herrschenden Dynastie des byzantinischen Kaiserhauses benannt.

38 Siehe auch die wichtigen Arbeiten zu diesem Thema im allgemeinen: K. Weitzmann, Various Aspects of Byzantine Influence on the Latin Countries from the Sixth to the Twelfth Century, in: Dumbarton Oaks Papers, 20 (1966), 3ff.; W. Koehler, Byzantine Art and the West, in: Dumbarton Oaks Papers, 1 (1941), 63ff.; J. Ebersolt, Orient et Occident: Recherches sur les influences byzantines et orientales pendant les Croisades, Paris 1929; G. Cames, Byzance et la peinture romane de Germanie, Paris 1966.

39 Die byzantinische Tradition antiker Stilkriterien blieb nach dem Ikonoklasmus (726–843) ein wesentlicher Be-

standteil höfischer Luxuskunst und den Werken der »Kleinkunst« (Buchmalerei, Elfenbeinschnitzerei etc.) vorbehalten. Man versammelt diese Kunstwerke unter dem Begriff »Makedonische Renaissance«. Nur höchst vereinzelte, ausschließlich im hauptstädtisch kaiserlichen Ambiente angesiedelte Ausnahmen der Monumentalkunst (Apsismosaik der Hagia Sophia in Konstantinopel mit thronender Theotokos und Erzengelwache [9. Jahrhundert], Sekretonmosaik der Hagia Sophia in Konstantinopel mit Deesis und Heiligen [9. Jahrhundert]) gehören zu dieser exklusiven Kategorie von Kunstwerken. Die früh- und hochkomnenische Kunst schließlich etablierte auch auf einer breiteren Ebene der Monumentalmalerei klassische Stilkriterien, die auf der Überlieferung durch die Werke der »Makedonischen Renaissance« basieren.

40 I. HÄNSEL-HACKER, Die Fresken der Kirche St. Nikolaus bei Matrei in Osttirol, Das Werk einer Paduaner Malschule des 13. Jhs., in: Jahrbuch der Österreichischen Byzantinischen Gesellschaft, III (1954), 109–122.

41 O. DEMUS, Romanische Wandmalerei, München 1992², 9.

42 E. KITZINGER, Norman Sicily as a Source of Byzantine Influence on Western Art in the Twelfth Century, in: Byzantine Art an European Art. Lectures, Athen 1966, 121 ff.

43 O. DEMUS, op. cit. (Anm. 41), 38; K. WEITZMANN, Zur byzantinischen Quelle des Wolffenbüttler Musterbuches, in: Festschrift für H.R. Hahnloser, Basel-Stuttgart 1961, 223ff.; R.W. SCHELLER, A Survey of Mediaeval Model Books, Haarlem 1963; D. J. A. ROSS, A Late Twelfth Century Artists Pattern Sheet, in: Journal of the Warburg and Courtauld Institutes, 25 (1962), 119 ff.

44 G. DAHLKE, op. cit. (Anm. 1), 134.

45 IBID.

46 IBID.

47 K. ATZ, op. cit. (Anm. 1), XXVIII.

48 K. ATZ, Kunstgeschichte von Tirol und Vorarlberg, Bozen 1885, 214.

49 IBID., 220.

50 A. MORASSI, Affreschi romanici di Castel Appiano, in: Bollettino d'Arte del Ministero della Pubblica Istruzione, Jg. VI, Vol. 1, Mailand-Rom 1926/27, 444 f. und IDEM, Storia della pittura nella Venezia Tridentina, Rom 1934, 90.

51 A. MORASSI, Affreschi, op. cit. (Anm. 50), 454.

52 P. TOESCA, Storia dell'Arte Italiana, Turin 1924, 960.

53 A. MORASSI, Affreschi, op. cit. (Anm. 50), 453.

54 O. DOERING, Romanische Malerei in deutschen Landen (= Die Kunst dem Volke VII. Sondernummer), München 1927, 9.

55 J. GARBER, Die romanischen Wandgemälde Tirols, Wien 1928, 72.

56 IBID.

57 J. WEINGARTNER, Die Kunstdenkmäler des Etschlandes, Bd. III, Wien-Augsburg 1929, 273.

58 W. ARSLAN, Cenni sulle relazioni tra la pittura romanica d'oltrealpe e alto atesina, in: Studi Trentini di scienze storiche, XV (1934), 325f.

59 W. FRODL, Kunst in Südtirol, München 1960, 47.

60 K. TH. HOENIGER, Hocheppan (= Kleiner Laurin-Kunstführer Nr. 4), Meran 1962, 19.

61 H. SCHRADE, Die romanische Malerei, Köln 1963, 293.

62 O. DEMUS, Romanische Wandmalerei, München 1968, 132.

63 IBID.

64 N. RASMO, Affreschi medioevali atesini, Mailand 1971, 52.

65 N. RASMO, Neue Beiträge zur romanischen Wandmalerei im Vinschgau, in: Jahrbuch der Österreichischen Byzantinistik, 21 (1972), 226.

66 N. RASMO, op. cit. (Anm. 4), 18.

67 E. EGG, Kunst in Tirol – Malerei und Kunsthandwerk, Innsbruck-Wien-München 1972, 22.

68 S. BETTINI, Le vergini di Castell'Appiano, in: Studi di storia dell'arte in onore di Antonio Morassi, Venedig 1971, 22.

69 K. GRUBER, Kunstlandschaft Südtirol, Bozen 1979, 16.

70 M. FREI, Hocheppan, Gemeinde Eppan-Überetsch (= SB – Farbkunstführer Südtirol Nr. 2), Bozen 1987³, 12 f.

71 S. SPADA-PINTARELLI, Fresken in Südtirol, München 1997, 60–71.

72 A. MORASSI, Affreschi, op. cit. (Anm. 50), 451.

73 Zu den typologischen Unterscheidungen und Bezeichnungen siehe: G. M. LECHNER, Maria, in: Reallexikon zur byzantinischen Kunst, Bd. VI, Fasc. 41, Stuttgart 1997, 17–114; G. M. LECHNER, Marienverehrung und Bildende Kunst, in: Handbuch der Marienkunde, Bd. 2, Regensburg 1997, 109–172; W. BRAUNFELS/G. A. WELLEN/ H. HALLENSLEBEN/M. LECHNER, Maria, Marienbild, in: Lexikon der christlichen Ikonographie, Bd. 3, Freiburg i. Br. 1994², 154–210.

74 M. PRELOG, Die Euphrasius-Basilika in Poreč, Zagreb-Poreč 1994, Taf. XLIX, L, LI.

75 Siehe V. LAZAREV, Storia della pittura bizantina, Turin 1967, Abb. 65.

76 So in der Hagia Sophia in Konstantinopel, in der Koimesis-Kirche von Nikaia, in der Hagia Sophia in Thessalonike etc.

77 C. BERTELLI, La pittura medievale a Roma e nel Lazio, in: La pittura in Italia. L'Altomedioevo, ed. C. BERTELLI, Mailand 1994, 219, fig. 275.

78 G. BERGAMINI, La pittura medievale in Friuli-Venezia Giulia, in: La pittura in Italia. L'Altomedioevo, ed. C. BERTELLI, Mailand 1994, 131–145, fig. 163–165; M. MIRABELLA-ROBERTI, La Cattedrale di San Giusto e il colle capitolino, Triest 1991, 33.

79 Siehe O. DEMUS, The Mosaic Decoration of San Marco Venice, Dumbarton Oaks/Washington D.C. 1988, 23f. fig. 7.

80 Die Theotokos in der Mitte stammt aus dem 19. Jahrhundert und ersetzt nachweislich eine originale Mariendarstellung, über deren Aussehen wir allerdings nichts wissen.

81 Entgegen der Annahme von L. ANDERGASSEN, Die Margarethenlegende in St. Margareth in Lana, in: Lana Sakral, ed. L. ANDERGASSEN/C. GUFLER/H. NOTHDURFTER/C. PLIEGER/A. WEGER, Lana 1997, 107 f. Die adorierenden Engel von Lana halten nicht mehr die Sphaira in verhüllten Händen. Bei der Darstellung Margareths mit zwei flankierenden Engeln in der südlichen Seitenapsis muß eine Angleichung des Margarethenbildes

an das der Theotokos in der linken Apsis angenommen werden (siehe die Abbildung IBID., 107). Jedenfalls muß außer Betracht stehen, daß ein byzantinisches Vorbild für die Margarethendarstellung in Frage kommt, da in Byzanz niemals adorierende Engel eine weibliche Heilige (mit Ausnahme Mariens) flankieren.

82 Der Typus stammt aus dem Kloster der Hodegoi in Konstantinopel, dessen höchstverehrte Ikone – die Hodegetria – ins 5. Jahrhundert zurückreicht.

83 G. M. LECHNER, Maria, op. cit. (Anm. 73), 67 f.

84 Bereits im 6. Jahrhundert wird sie als solches von Theodoros Lector bezeichnet.

85 Gegen eine vom Hodegetria-Typus gesonderte, eigenständige »heilige Identität« der Dexiokratousa spricht der Umstand, daß manche der erhaltenen Bilder mit dem Epitheton Hodegetria ausgestattet wurden.

86 E. HEIN/A. JAKOVLJEVIĆ/B. KLEIDT, Zypern – Byzantinische Kirchen und Klöster, Ratingen 1996, 127 ff., Abb. 130 f. Kiti eignet sich besonders gut für den typologischen Vergleich, da dasselbe Apsisprogramm vorherrscht. Zwar ist es im Gegensatz zu Hocheppan eine stehende Hodegetria, doch assistieren die flankierenden Engel mit der Sphaira in Händen. Im Kloster Bawit in Ägypten (6./7. Jahrhundert) befindet sich eine Hodegetria im Register unterhalb der Wölbung der Apsis in der Mitte einer Reihe von Aposteln, in der Kalotte selbst thront Christus (K. WESSEL, Koptische Kunst, Recklinghausen 1963, 173, 176, Taf. VII, VIII).

87 Maria thront als Hodegetria in der Mandorla und ist umgeben vom Tetramorph. Siehe G. BERGAMINI, op. cit. (Anm. 95), 133, fig. 162.

88 R. POLACCO, La pittura medievale a Venezia, in: La pittura in Italia. L'Altomedioevo, ed. C. BERTELLI, Mailand 1994, 113–130, fig. 138; I. ANDREESCU, Torcello, in: Dumbarton Oaks Papers, 26 (1972), 183–223, pl. 4, 7.

89 U. MENDE, Die Bronzetüren des Mittelalters, München 1994², 164 ff.

90 R. LEIPOLD/P. STYRA, Zur Ikonographie der romanischen Wandmalerei der Burgkapelle von Hocheppan und ihre Bezüge zu Graf Ulrich III. von Eppan, in: Der Schlern, Jg. 71 (1997), Heft 10, 622 f.; auch in Kurbinovo kann man in keinem Fall von einer Muttergottes der Passion sprechen.

91 G. M. LECHNER, Maria, op. cit. (Anm. 73), 83 ff.

92 Diese Position ist in der byzantinischen Malerei des 12. Jahrhunderts gängig, so u. a. in der HH. Anargyroi-Kirche in Kastoria.

93 H. MAGUIRE, Art and Eloquence in Byzantium, Princeton N.J. 1994², 61 f.

94 X. BARRAL I ALTET/F. AVRIL/D. GABORIT-CHOPIN, Romanische Kunst, Bd. 2: Nord- und Westeuropa, München 1984, 222.

95 Siehe O. DEMUS, The Mosaics of Norman Sicily, London 1949, pl. 22.

96 S. PELEKANIDIS/M. CHATZIDAKIS, Kastoria, Athen 1985, 31, Abb. 8, 96, Abb. 4.

97 A. H. S. MEGAW, Byzantine Architecture and Decoration in Cyprus: Metropolitan or Provincial, in: Dumbarton Oaks Papers, 28 (1974), 86.

98 Sinai, Katherinen-Kloster, Erzengel-Michael-Ikone, spätes 12. Jahrhundert. Siehe A. PALIURAS, Das Katharinen-Kloster auf der Sinai-Halbinsel, Katherinen-Kloster am Berg Sinai – Glyka Nera Attikis 1985, Abb. 124.

99 Siehe J. WISCHOUNIG, Der Reliquienschrein aus St. Georg bei Serfaus/Tirol, Phil. Diss., Wien 1993; E. GÜRTLER, Kat. Nr. 18.25, in: Eines Fürsten Traum. Meinhard II. Das Werden Tirols, Katalog der Tiroler Landesausstellung 1995, Innsbruck 1995, 438, 468; O. TRAPP, St. Georg, der alte Tiroler Landespatron, in: Tirol, Heft Sommer 1986, ed. P. BAECK, Innsbruck 1986, 58.

100 A. H. S. MEGAW/E. J. W. HAWKINS, The Church of the Holy Apostles at Perachorio, Cyprus, and its Frescoes, in: Dumbarton Oaks Papers, 16 (1962), 277–350.

101 R. B. O'CONNOR, The Double-Axe Motif, in: American Journal of Archeology, 24 (1920), 151 ff.

102 Athos, Kloster Iberon, Cod. 5, u. a. fol. 136v. Siehe G. GALAVARIS, Ζωγραφική Βυζαντινών Χειρογράφων, Athen 1995, 163, 250f.

103 Paris, Bibliothèque Nationale, Cod. gr. 54, u. a. fol. 11 v; siehe M.O. GERMAIN, in: Byzance. L'art byzantin dans les collections publiques franc caises, ed. J. DURAND et al., Paris 1992, 450, Nr. 345.

104 Princeton, University Library, Ms. Garrett 2, u. a. fol. 128v.

105 K. WEITZMANN, Studies in Classical and Byzantine Manuscript Illumination, Chikago 1971, 320–328.

106 Griechische Inschriften in den geöffneten Büchern der Evangelisten wurden ausradiert und mit lateinischen Inschriften überschrieben.

107 Das Ornamentfeld liegt oberhalb der Beweinungsszene am Fuße des Zwillingsbogenfensters. Siehe A. CUTLER/ J.-M. SPIESER, Das mittelalterliche Byzanz (= Universum der Kunst, Bd. 41), München 1996, 300, Abb. 240.

108 S. PELEKANDIS/M. CHATZIDAKIS, op. cit. (Anm. 96), 22–44, Abb. 10; M. ACHEIMASTOU-POTAMIANOU, Byzantine Wall-Painting, Athen 1994.

109 Otto Demus betont, daß ein wesentlicher Unterschied zwischen den byzantinischen und romanischen Apsisdarstellungen darin liegt, daß die byzantinischen Figuren isoliert vor leeren Flächen stehen, wo hingegen die romanischen in ein genau konstruiertes Rahmensystem eingeschlossen sind und gerne von Begleitfiguren umgeben sind. Solche Assistenzfiguren findet man aber genauso in byzantinischen Werken, insbesondere die Erzengelwache, wie sie uns in Hocheppan gegenübertritt. Auch die Organisierung des Hintergrundes ist insbesondere in byzantinischen Werken der Wandmalerei und sinnfälligerweise nicht in denen der Mosaikkunst genauso und manchmal sogar noch wesentlich deutlicher gegeben, denken wir nur an die Apsis von Kurbinovo. O. DEMUS, op. cit. (Anm. 41), 28 ff.

110 Cod. Rossanensis, fol. 2, 6. Jahrhundert; Cod. Parisinus gr. 74, fol. 94v, zweite Hälfte 11. Jahrhundert (OMONT, Par. gr. 74, pl. 39), siehe H. SACHS, Jungfrauen, Kluge und Törichte, in: Lexikon der christlichen Ikonographie, Bd. 2, Freiburg i. Br. 1994²., 458 ff., J. WILPERT, Die gottgeweihten Jungfrauen in den ersten Jahrhunderten, Freiburg i. Br. 1892; H. HEYNE, Das Gleichnis

von den Klugen und Törichten Jungfrauen. Eine literarisch-ikonographische Studie zur altchristlichen Zeit, Leipzig 1922.

111 So u. a. die »Deesis« oder der »Pantokrator«.

112 Das älteste Beispiel einer byzantinischen Weltgerichtsdarstellung in einer monumentalen Kirchenausstattung befindet sich in der Panhagia Chalkeon in Thessalonike (11. Jahrhundert), jedoch ohne Miteinbeziehung des Jungfrauenbildes. Auch das im Grenzbereich byzantinischer und westlich-mittelalterlicher Kunst liegende Weltgerichtsbild in Torcello (Mitte 12. Jahrhundert) nimmt das Thema nicht auf.

113 O. DEMUS, op. cit. (Anm. 41), 181.

114 H. STAMPFER, Die romanischen Fresken von St. Margareth in Lana, in: Festschrift Nicolò Rasmo, ed. S. SPADA-PINTARELLI, Bozen 1986, 123–142; L. ANDERGASSEN, op. cit. (Anm. 81), 98–116.

115 In St. Margareth noch in situ, in St. Johann in Müstair wurden die Fresken der romanischen Schicht dieses Registers aus der Mittelapsis abgenommen und befinden sich heute im Fürstenzimmer des Klosters bzw. im schweizerischen Landesmuseum in Zürich.

116 Die Gewänder mit ihren bodenlangen Ärmeln erinnern an die in Byzanz im 11. und 12. Jahrhundert gepflogene höfische Frauenkleidung, wie sie uns etwa in den Illustrationen des Cod. Vat. gr. 1851 begegnet (siehe: The Glory of Byzantium. Art and Culture of the Middle Byzantine Era, Ausstellungskatalog des Metropolitan Museum of Art, ed. H. EVANS/W. B. WIXOM, New York 1997, 191).

117 München, Staatsbibliothek, Cod. lat. 2599.

118 Auf den ersten Anblick sieht der weiße Kreuzstab wie ein Schwert aus, das den Leib des Lammes durchbohrt, doch bei näherer Betrachtung läßt sich der Verlauf des Stabes hin zu den Vorderläufen des Lammes in den Umrissen noch erkennen.

119 Die bedeutende Ikone aus dem Katharinen-Kloster am Berg Sinai (6. Jahrhundert), heute im Nationalmuseum von Kiev, zeigt Johannes mit einer Schriftrolle, die diese Textstelle des Johannes-Evangeliums widergibt. Als Zentralfigur der elfenbeinernen Kathedra des Erzbischofs Maximianus von Ravenna (6. Jahrhundert) im Museo Arcivescovile von Ravenna hält Johannes einen Diskos mit der Darstellung des Lamm Gottes in der Hand.

120 So die in der vorigen Anmerkung bereits genannte Ikone vom Berg Sinai aus dem 6. Jahrhundert oder das Mosaikmedaillon am Triumphbogen des Katharinenklosters am Berg Sinai, wo Johannes ebenfalls mit dem Lamm in direktem Zusammenhang steht.

121 So u. a. in der Cappella Palatina in Palermo.

122 E. WEISS, Der Freskenzyklus der Johanneskapelle in Pürgg, in: Wiener Jahrbuch für Kunstgeschichte, Bd. XXII (1969), 7–42.

123 P. LAUER, Les enlumineurs romans des manuscrits de la Bibliothèque Nationale, Paris 1927, Abb. XLII.

124 Dieser Typus setzte sich auch für die Darstellung des Johannes als Evangelienschreiber durch.

125 C. MANGO, The Monastery of St. Chrysostomos at Koutsovendis (Cyprus) and its Wall Paintings, in: Dumbarton Oaks Papers, 44 (1990), 63–93.

126 M. SENNHAUSER-GIRARD/H. R. SENNHAUSER/H. RUTISHAUSER/B. GUBELMANN, Il monastero delle monache benedettine di San Giovanni di Müstair, Cantone Grigioni, Bern 1995.

127 L. GNÄDINGER/B. MOOSBRUGGER, Müstair, Zürich 1994, 78.

128 Die »traditio legis« ist eine jener Bildschöpfungen, die sich während des gesamten Mittelalters im Westen sehr konstant hielten, wo hingegen sie im Osten aus naheliegenden Gründen nicht gepflogen wurden.

129 W. N. SCHUHMACHER, Traditio legis, in: Lexikon der christlichen Ikonographie, ed. E. KIRSCHBAUM et. al., Bd. 4, Freiburg i. Br. 1994², 347–351.

130 C. MANGO/E. J. W. HAWKINS, The Hermitage of St. Neophytos and its Wall Paintings, in: Dumbarton Oaks Papers, 20 (1966), 119–206, pl. 55, 57.

131 Dieses byzantinische Thema der Parousiedarstellung finden wir auch in Südtirol, so in St. Jakob in Kastellaz bei Tramin, in St. Jakob in Grissian und in St. Johann in Taufers.

132 H. STAMPFER, op. cit. (Anm. 114), 123–142; L. ANDERGASSEN, op. cit. (Anm. 81), 98–116; CH. GUFLER, Die St.-Margareten-Kirche in Lana, Bozen 1986 (Laurin-Kunstführer Nr. 105).

133 Entgegen der Annahme von L. ANDERGASSEN, op. cit. (Anm. 81), 101, da in Hocheppan zwar nur ein Teil der Apostel an der Ostwand später datiert werden muß als die übrigen Apostel, jedoch von Anfang an geplant war.

134 Matthäus' Gesicht hat eine augenfällige Ähnlichkeit mit denen der Erzengel aus der Thronwache in der Apsis und könnte von dort kopiert worden sein.

135 Athos-Kloster Vatopaidi, Cod. 953, fol. 92v. Siehe P. CHRISTOU/CH. MAUROPOULOU-TSIOUME/S. N. KADAS/A. KALAMARTZI-KATSAROU, Οἱ θησαυροί τοῦ Ἅγιου Ὄρους, Τ. 4, Athen 1991, 155.

136 Die obere Grünzone hat eine unterschiedliche Unterkante, bei den zwei Aposteln liegt sie tiefer.

137 S. BOYD, The Church of the Panagia Amasgou, Monagri, Cyprus, and its Wall Paintings, in: Dumbarton Oaks Papers, 28 (1974), 276–352.

138 D. C. WINFIELD/E. J. W. HAWKINS, The Church of our Lady at Asinou, Cyprus. A Report on the Seasons of 1965 and 1966, in: Dumbarton Oaks Papers, 21 (1967), 261–266.

139 U. BELEFFI-SOTRIFFER, Im Umfeld spätromanischer Apsismalereien. St. Jakob in Kastellaz in Tramin und vergleichbare Bildausstattungen, in: Zeitschrift für schweizerische Archäologie und Kunstgeschichte, Bd. 53 (1996), 89–104; K. WOLFSGRUBER, Die Kirchen von Tramin, Bozen 1992; N. RASMO, Kunstschätze Südtirols, Rosenheim 1985, 29ff.; O. DEMUS, op. cit. (Anm. 41), 62 f., 129 ff.

140 Vollkommen nackt dargestellt, erzeugen die beiden Figuren – eine davon männlich, die andere weiblich – in ihrer groben Gestalt ein schauriges, derbes Bild. Siehe U. BELEFFI-SOTRIFFER, op. cit. (Anm. 139), Abb. 4, 5.

141 Vgl. B. Brenk, Ein Zyklus romanischer Fresken zu Taufers im Lichte der byzantinischen Tradition, in: Jahrbuch der Österreichischen Byzantinischen Gesellschaft, XIII (1964), 123f.

142 Es handelt sich hier wohl um eine Reminiszenz an die Engel von Marienberg.

143 Meg. Laura, Cod. Skeuophylakion 1, fol. 114v. Siehe G. Galavaris, op. cit. (Anm. 102), 120.

144 H. Seeliger, Christi Geburt und die Magd mit der Schüssel. Ein Fresko in der Burgkapelle Hocheppan, in: Der Schlern, Jg. 48 (1974), 633–638.

145 O. Demus, op. cit. (Anm. 95), 25–72.

146 Ibid., pl. 55.

147 In der romanischen Wandmalerei läßt sich mit Ausnahme von Sant'Angelo in Formis kein vergleichsweise lückenloser christologischer Zyklus nachweisen, wie wir ihn aus byzantinischen Denkmälern des 11. und 12. Jahrhunderts kennen. Da jedoch die Kindheitsgeschichte so überproportional aufgefächert wird, ist das Fehlen so bedeutender Szenen wie beispielsweise der Himmelfahrt erstaunlich.

148 U. a. im byzantinischen Cod. VI. 23 der Biblioteca Laurenziana in Florenz, ein Tetraevangelion aus dem 12. Jahrhundert (T. Velmans, Le Tétraévangile de la Laurentienne, Paris 1971, pl. 7, fig. 12).

149 Esphigmenou, Cod. 14, fol. 409v. S. M. Pelekanides/ P. C. Christou/Ch. Tsioume/S. N. Kadas, Οἱ θησαυ–ροί τοῦ Ἁγίου Ὄρους, T. 2, Athen 1975, Abb. 390.

150 H. Maguire, The Iconography of Symeon with the Christ Child in Byzantine Art, in: Dumbarton Oaks Papers, 34/35 (1980/81), 261–269.

151 K. A. Manafis, Sinai. Treasures of the Monastery of Saint Catherine, Athen 1990, 158 f. Zur Darbringung im Tempel siehe auch das Fresko in San Salvatore in Casorezzo bei Mailand (S. Lormartire, La pittura medievale in Lombardia, in: La pittura in Italia. L'Altomedioevo, ed. C. Bertelli, Mailand 1994, 73, fig. 90) als nächster Vergleich innerhalb der byzantinisch beeinflußten Romanik Italiens. Die Darstellung entspricht hier aber noch dem klassischen Typus mit dem Christuskind, das von Maria gerade überreicht wird.

152 Die Miniatur befindet sich auf fol. 141v, siehe G. Galavaris, op. cit. (Anm. 102), 90, 229.

153 Die Illustration ist auf fol. 247r. Siehe Ibid., 104, 234.

154 C. Schweicher, Geißelung Christi, in: Lexikon der christlichen Ikonographie, ed. E. Kirschbaum et al., Bd. 2, Freiburg i. Br. 1970, 127–130.

155 Trient, Museo Provinciale d'Arte, ms. 1587, siehe S. Gattei/R. Mainardi/S. Pirovano/N. Rasmo, Südtirol-Trentino, Mailand 1980, 195 ff.

156 O. Demus, op. cit. (Anm. 41), 205.

157 Athos, Kloster Pantokratoros, Cod. 61, fol. 138r, siehe P. Huber, Athos. Leben, Glaube, Kunst, Zürich 1982³, Abb. 80.

158 Moskau, Hist. Mus., Cod. gr. 129, fol. 97v. Siehe M. V. Šepkina, Miniatjury Chludovskoj Psaltiri, Moskau 1977, fol. 97v.

159 Athos, Kloster Esphigmenou, Cod. 14, fol. 52r. S. M. Pelekanidis/P. C. Christou/Ch. Tsioumis/S. N. Ka-das, Die Buchmalereien des Berg Athos, Würzburg 1979, 208, 359.

160 V. Huys-Clavel, La Madeleine de Vézelay, Chambéry 1996, 103.

161 Auch das Kapitell in Vézelay könnte sich wegen des Magdalenenpatroziniums entgegen den bisherigen Deutungen in die Indizienkette einfügen.

162 Die vor mehr als 25 Jahren teilweise aufgedeckten Freskenreste sollen in nächster Zeit untersucht und zur Gänze freigelegt werden.

163 Beim Bau des spätgotischen Chores wurde die romanische Langhausmauer an dieser Stelle abgebrochen.

164 K. Atz, op. cit. (Anm. 26), 277.

165 G. Gerola, Una caccia demoniaca di Teodorico in un affresco dell'Alto Adige, in: Nuovo Trentino, 3. 11. 1921.

166 J. Garber, op. cit. (Anm. 55), 71.

167 J. Weingartner, op. cit. (Anm. 57), 273.

168 A. Morassi, Affreschi, op. cit. (Anm. 50), 436.

169 K. Th. Hoeniger, op. cit. (Anm. 60), 8.

170 E. Egg, op. cit. (Anm. 67), 22.

171 H. Szklenar, Die Jagdszene von Hocheppan – Ein Zeugnis der Dietrichsage?, in: Deutsche Heldenepik in Tirol (= Beiträge der Neustifter Tagung 1977 des Südtiroler Kulturinstitutes), hrsg. v. E. Kühebacher, Bozen 1979, 444.

172 A. Masser/M. Siller, Der Kult des hl. Oswald in Tirol und die »Hirschjagd« der Burgkapelle von Hocheppan, in: Der Schlern, Jg. 57 (1983), 55–91.

173 R. Kroos, Jagd, in: Lexikon der christlichen Ikonographie, Bd. 2, Freiburg i. Br. 1970, Sp. 362.

174 G. Fogliardi, Le pitture murali duecentesche, in: Le pitture murali della cappella di S. Martino nel castello di Stenico (= Beni artistici e storici del Trentino Quaderni 4), Trient 1996, 62.

175 S. Spada-Pintarelli, op. cit. (Anm. 71), 12, 68.

176 E. Kitzinger, The Byzantine Contribution to Western Art in the Twelfth and Thirteenth Century, in: Dumbarton Oaks Papers, 20 (1966); V. Pace, Presenze e influenze cipriote nella pittura duecentesca italiana, in: Cipro e il Mediterraneo orientale, in: XXXII. Corso di Cultura sull'arte ravennate e bizantina, Ravenna 1985.

177 W. Zöllner, Geschichte der Kreuzzüge, Berlin 1983, 117 f.; K. Hampe, Das Hochmittelalter. Geschichte des Abendlandes von 900 bis 1250, Münster-Köln 1953², 310 f.; E. N. Johnson, The Crusades of Frederick Barbarossa and Henry VI, in: A History of the Crusades, Bd. 2: The Later Crusades 1189–1311, ed. K. M. Setton, Madison/Milwaukee-London 1969, 119 ff.

178 R. Leipold/P. Styra, op. cit. (Anm. 90), 625, mit genauer Quellenangabe.

179 A. Wagner, op. cit. (Anm. 5), 146, Anm. 169.

180 J. Garber, op. cit. (Anm. 55), 25.

181 Es stellt sich die Frage, inwieweit die Datierung der Marienberger Kryptafresken in diesem Zusammenhang erneut überdacht werden muß. Die stilistischen Übereinstimmungen mit Hocheppan lassen leise Zweifel an einer Frühdatierung (zuletzt: L. Madersbacher, Die Marienberger Kryptafresken. Überlegungen zu Inhalt und Deutung, in: 900 Jahre Benediktinerabtei Marien-

berg 1096–1996, Lana 1996, 71–92) aufkommen. Dank ihrer meisterhaften Sicherheit in Farbwahl und Zeichnung, ihrem Verständnis für manierierte Überlängung und raffinierte, ja unübertroffene Grazilität besitzen sie eine künstlerische, an elitärste Buchmalereien erinnernde Qualität, die sie nicht als opus sui generis belassen können, sondern die geniale Vereinigung gleichermaßen westlicher wie byzantinischer Vorbilder des späten 12. Jahrhunderts voraussetzt.

182 O. DEMUS, op. cit. (Anm. 62), 130; I. MÜLLER, Müstair (= Schnell & Steiner Kunstführer Nr. 601), München 1986², 7, datiert die Fresken ins ausgehende 12. Jahrhundert.

183 N. RASMO, op. cit. (Anm. 64), 58.

184 IBID., 50.

185 H. STAMPFER, Die romanischen Fresken von St. Jakob in Söles, in: Der Schlern, Jg. 71 (1997), 481 ff.

186 Das Registrum Goswins von Marienberg, bearbeitet von Christine Roilo, übersetzt von Raimund Senoner, Innsbruck 1996 (= Veröffentlichungen des Südtiroler Landesarchivs, Bd. 5), 155.

187 I. MÜLLER, Die Herren von Tarasp, Disentis 1980, 21 ff.

188 G. SANDBERGER, Bistum Chur in Südtirol. Untersuchungen zur Ostausdehnung ursprünglicher Hochstiftsrechte im Vinschgau, in: Zeitschrift für bayerische Landesgeschichte, 40 (1977), 800, 813.

189 A. WAGNER, op. cit. (Anm. 5), 25.

190 H. STAMPFER, op. cit. (Anm. 114).

191 H. STAMPFER, Die alte Burgkapelle von Sigmundskron, in: Arx – Burgen und Schlösser in Bayern, Österreich und Südtirol, 1–1988, 319–323.

BILDNACHWEIS

Abb. 1
Photo Alessandro Campaner, Südtiroler Landesarchiv Bozen.

Abb. 2–5
Repro nach Originalen im Landesdenkmalamt Bozen.

Abb. 6
Photo im Atz-Atlas, Stadtmuseum Bozen.

Abb. 7–8
Photo im Landesdenkmalamt Bozen.

Abb. 9
Repro nach Original im Landesdenkmalamt Bozen.

Abb. 10–64
Photo Mario Pintarelli, Bozen.

Abb. 65
nach M. Prelog, Die Euphrasius Basilica in Poreč, Zagreb-Poreč 1994.

Abb. 66
nach C. Bertelli (ed.), La pittura in Italia. L'Altomedioevo, Mailand 1994.

Abb. 67, 69, 71
nach E. Hein / A. Jakovljevic / B. Kleidt. Zypern. Byzantinische Kirchen und Klöster, Ratingen 1996.

Abb. 68
nach A. Cutler / J. M. Spieser, Das mittelalterliche Byzanz, München 1996.

Abb. 70
nach X. Barral / J. Altet / F. Avril / D. Gaborit-Chopin, Romanische Kunst, Bd. 2. Nord- und Westeuropa, München 1984.

Abb. 72, 94
nach A.H.S. Megaw / E.J.W. Hawkins, The church of the Holy Apostles at Perachorio, Cyprus, and its Frescoes, in: Dumbarton Oaks Papers, 16 (1962) 277–384.

Abb. 73
nach A.H.S. Megaw, Byzantine Architecture and Decoration in Cyprus: Metropolitan or Provincial ?, in: Dumbarton Oaks Papers, 28 (1974) 57–88.

Abb. 74, 84, 96
nach E. Kitzinger, The Mosaics of St. Mary's of the Admiral in Palermo, Washington 1990.

Abb. 75, 76, 85, 89, 98, 99, 108
nach L. Gnädinger / B. Moosbrugger, Müstair, Zürich 1994

Abb. 77, 78, 80, 90, 121, 122
Photo Hubert Walder, Landesdenkmalamt Bozen

Abb. 79
nach F. Unterkircher, Abendländische Buchmalerei, Graz 1967.

Abb. 81, 95
nach E. Kitzinger, I mosaici di Monreale, Palermo 1991.

Abb. 82
nach C. Mango, The Monastery of St. Chrysostomos at Koutsovendis (Cyprus) and its Wall-Paintings, in: Dumbarton Oaks Papers, 44 (1990), 63–93.

Abb. 83
nach C. Mango / E.J.W. Hawkins, The Hermitage of St. Neophytos and its Wall Paintings, in: Dumbarton Oaks Papers, 20 (1966), 119–206.

Abb. 86
Photo Hubert Walder, Brixen

Abb. 87, 97, 105
nach G. Galavaris, Ζωγραφική Βυζαντινών Χειρογράφων, Athen 1995.

Abb. 88
nach A. Weyl Carr, Byzantine Illumination: The Study of a Provincial Tradition, Chikago / London 1986.

Abb. 91, 103
nach S. Boyd, The Church of the Panagia Amasgou, Monagri, Cyprus, and its Wall Paintings, in: Dumbarton Oaks Papers, 28 (1974), 277–328.

Abb. 92
nach D.C. Winfield / E. J. W. Hawkins, The Church of Our Lady at Asinou, Cyprus. A Report on the Seasons of 1965 and 1966, in: Dumbarton Oaks Papers, 21 (1967), 261–266.

Abb. 93, 119
nach U. Mende, Die Bronzetüren des Mittelalters, München 1994.

Abb. 100, 106
nach O. Demus, The Mosaics of Norman Sicily, London 1949.

Abb. 101
Photo Hubert Mayr, Percha

Abb. 102, 117
nach S. M. Pelekanidis / P. C. Christou / Ch. Tsioumis / S. N. Kadas, Die Buchmalereien des Berg Athos, Würzburg 1979.

Abb. 104
nach K. A. Manafis (ed.), Sinai. Treasures of the Monastery of St. Catherine, Athen 1990

Abb. 107
Photo Oskar Emmenegger, Zizers

Abb. 109
nach H. Evans / W. B. Wixom (ed.), The Glory of Byzantium, Art and Culture of the Middle Byzantine Era (Ausstellungskatalog New York, Metropolitan Museum of Art), New York 1997.

Abb. 110
nach S. Gattei / R. Mainardi / S. Pirovano / N. Rasmo, Südtirol-Trentino, Mailand / Stuttgart 1980.

Abb. 111, 112, 114, 115, 116
Photo Helmut Stampfer, Völs am Schlern.

Abb. 113
nach O. Demus, The Mosaic Decoration of San Marco Venice, Dumbarton Oaks / Washington D.C. 1988.

Abb. 118
Photo Günther Niederwanger, Bozen

Abb. 120
Photo Harald Kienzl, Landesdenkmalamt Bozen.

Abb. 123, 124
Photo Marco Samadelli, Landesdenkmalamt Bozen.

BILDTEIL

Abb. 10: Kapelle von Südosten

Abb. 11: Innenraum gegen Südosten

Abb. 12: Ostwand

Abb. 13: Mittelapsis

Abb. 14: Mittelapsis, Theotokos

Abb. 15: Mittelapsis, Erzengel zur Linken der Theotokos

Abb. 16: Mittelapsis, Kluge Jungfrauen

Abb. 17: Mittelapsis, Törichte Jungfrauen

Abb. 18: Kluge Jungfrauen

Abb. 18a: Mittelapsis, Törichte Jungfrauen

Abb. 19: Nördliche Seitenapsis

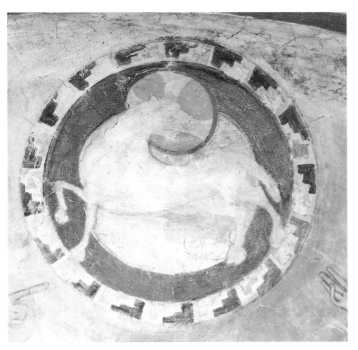

Abb. 20: Ostwand, Sockel, Kentaur (oben links)
Abb. 21: Ostwand, Sockel, Reiter (oben rechts)
Abb. 22: Nördliche Seitenapsis, Lamm Gottes (unten links)
Abb. 23: Nordwand, Sockel, Kampf mit dem Löwen (unten rechts)

Abb. 24: Nördliche Seitenapsis, Johannes der Täufer

Abb. 25: Nördliche Seitenapsis, Johannes der Evangelist

Abb. 26: Südliche Seitenapsis, Traditio legis

Abb. 27: Südliche Seitenapsis, Traditio legis, Christus

Abb. 28: Südliche Seitenapsis, Traditio legis, Petrus

Abb. 29: Südliche Seitenapsis, Traditio legis, Paulus

Abb. 30: Ostwand, Andreas und Thomas

Abb. 31: Ostwand, Petrus, Christus, Paulus

Abb. 32: Ostwand, Matthäus und Jakobus der Ältere

Abb. 33: Südwand, Drei Apostel

Abb. 34: Nordwand, Drei Apostel

Abb. 35: Nordwand, Rechter Apostel

Abb. 36: Südwand, Verkündigung und Heimsuchung

94

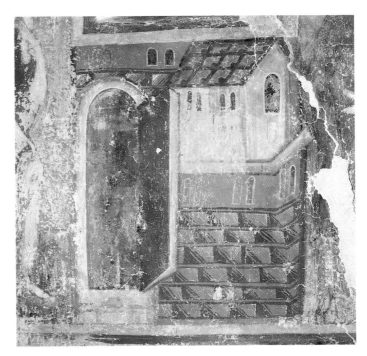

Abb. 37: Südwand, Maria Verkündigung (oben links)
Abb. 38: Südwand, Östliches Fenster (oben rechts)
Abb. 39: Südwand, Architekturelement ober dem Fenster (unten links)
Abb. 40: Südwand, Architekturelement unter dem Fenster (unten rechts)

Abb. 41: Südwand, Geburt Christi

Abb. 42: Südwand, Geburt Christi, Krippe (oben links)
Abb. 43: Südwand, Geburt Christi, Maria (oben rechts)
Abb. 44: Südwand, Verkündigung an die Hirten, Ausschnitt (unten links)
Abb. 45: Südwand, Geburt Christi, »Knödelesserin« (unten rechts)

Abb. 46: Südwand, Geburt Christi, Josef

Abb. 47: Südwand, Verkündigung an die Hirten

Abb. 48: Westwand, Anbetung der Könige

Abb. 49: Nordwand, Traum der Könige

Abb. 50: Nordwand, Die Könige vor Herodes (oben links)
Abb. 51: Westwand, Ritt der Könige (oben rechts)
Abb. 52: Nordwand, Bethlehemitischer Kindermord, Ausschnitt (unten links)
Abb. 53: Nordwand, Bethlehemitischer Kindermord, Ausschnitt (unten rechts)

Abb. 54: Nordwand, Bethlehemitischer Kindermord

Abb. 55: Südwand, Flucht nach Ägypten

104

Abb. 56: Südwand, Darbringung Christi im Tempel

Abb. 57: Südwand, Taufe Christi

Abb. 58: Südwand, Hochzeit zu Kana

Abb. 59: Westwand, Einzug in Jerusalem

Abb. 60: Nordwand, Kreuzigung

Abb. 61: Nordwand, Kreuzabnahme und Frauen am Grabe

Abb. 62: Nordwand, Der Engel und die Frauen am Grabe

Abb. 63: Nordfassade, Kreuzigung über dem Eingang

Abb. 64: Nordfassade, Jagdszene

Abb. 65: Parenzo, St. Euphrasius, Apsis, 6. Jahrhundert

Abb. 66: Triest, San Giusto, Apsis der Basilika dell'Assunta, Mitte 12. Jahrhundert

Abb. 67: Asinou, Theotokos-Kirche, Apsis, erste Hälfte 12. Jahrhundert (oben)
Abb. 68: Kurbinovo, Georgs-Kirche, Apsis, 1191 (unten)

Abb. 69: Lagoudera, Panhagia-tou-Arakou-Kirche, Passionsmadonna, 1192 (links)
Abb. 70: London, British Library, Ms. Cotton Nero C IV, um 1150 (rechts)

Abb. 71: Perachorio, Apostelkirche, Erzengel in der Kuppel, 1160–1180 (oben links)
Abb. 72: Perachorio, Apostelkirche, Erzengel in der Kuppel, 1160–1180 (oben rechts)
Abb. 73: Trikomo, Panhagia-Kirche, adorierende Engel, frühes 12. Jahrhundert (unten links)
Abb. 74: Palermo, La Martorana, Raffael, 1146–1151 (unten rechts)

Abb. 75: Müstair, St. Johann, Museum, Christus wendet sich zu den Klugen Jungfrauen, nach 1200 (oben links)
Abb. 76: Müstair, St. Johann, Museum, Kluge Jungfrau, nach 1200 (oben rechts)
Abb. 77: Lana, St. Margareth, Mittelapsis, Kluge Jungfrau, um 1215 (unten links)
Abb. 78: Lana, St. Margareth, Mittelapsis, Törichte Jungfrau, um 1215 (unten rechts)

Abb. 79: Wien, Nationalbibliothek, Cod. Ser. Nr. 2700, Antiphonar von St. Peter, fol. 198, Taufe Christi, Salzburg 1160 (oben links)
Abb. 80: Grissian, St. Jakob, Apsis, Johannes der Täufer, frühes 13. Jahrhundert (oben rechts)
Abb. 81: Monreale, Apsis-Bogen, Prophet Elias, 1180–1190 (unten links)
Abb. 82: Koutsovendis, Johannes-Chrysostomos-Kloster, Ezechiel, um 1100 (unten rechts)

Abb. 83: Hagios Neophytos, Christos-Philanthropos-Ikone, nach 1197 (oben links)
Abb. 84: Palermo, La Martorana, Paulus, 1146–1151 (oben rechts)
Abb. 85: Müstair, St. Johann, nördliche Apsis, Petrus, nach 1200 (unten links)
Abb. 86: Marienberg, Krypta, Petrus, um 1180 (unten rechts)

Abb. 87: Athos, Kloster Iberon, Cod. 5, Tetraevangelion, fol. 136v, Evangelist Markus, erste Hälfte 13. Jahrhundert (oben links)
Abb. 88: Athos, Kloster Iberon, Cod. 55, Tetraevangelion, fol. 111v, Evangelist Lukas, 12. Jahrhundert (oben rechts)
Abb. 89: Müstair, St. Johann, Mittelapsis, Atlant, nach 1200 (unten links)
Abb. 90: Lana, St. Margareth, Mittelapsis, Atlant, um 1215 (unten rechts)

Abb. 91: *Monagri, Panhagia-Amasgou-Kirche, Diakon Athanasios Pentaskinos, erste Hälfte 12. Jahrhundert (oben links)*

Abb. 92: *Asinou, Theotokos-Kirche, Detail aus dem Letzten Abendmahl, erste Hälfte 12. Jahrhundert (oben rechts)*

Abb. 93: *Ravello, Dom, Bronzetor des Barisanus von Trani, Theotokos, 1179 (unten links)*

Abb. 94: *Perachorio, Apostelkirche, Maria Blachernitissa, 1160–1180 (unten rechts)*

Abb. 95: Monreale, Mittelschiff, Vertreibung aus dem Paradies, 1180–1190 (links)
Abb. 96: Palermo, La Martorana, Gabriel aus der Verkündigung, 1146–1151 (rechts)

Abb. 97: Athos, Kloster Megiste Laura, Cod. Skeuophylakion 1, Phokas-Lektionar, fol. 114v, Geburt Christi, 1120–1130

Abb. 98: Müstair, St. Johann, Nordapsis, Absturz des Magiers Simon, nach 1200 (oben links)
Abb. 99: Müstair, St. Johann, Südapsis, heiliger Stephanus vor dem Richter, nach 1200 (oben rechts)
Abb. 100: Palermo, Cappella Palatina, Geburt Christi, Mitte 12. Jahrhundert (unten links)
Abb. 101: Lana, St. Margareth, Olibrius, um 1215 (unten rechts)

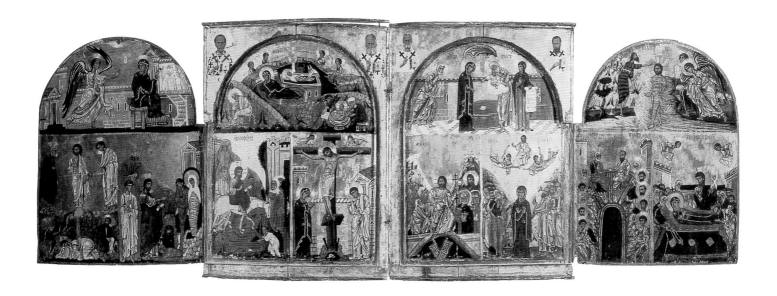

Abb. 102: Athos, Kloster Esphigmenou, Cod. 14, Menologion, fol. 109v, Flucht nach Ägypten, 12. Jahrhundert (oben links)
Abb. 103: Monagri, Panhagia Amasgou, Darbringung Christi im Tempel, erste Hälfte 12. Jahrhundert (oben rechts)
Abb. 104: Sinai, Katharinen-Kloster, Tetraptychon, spätes 12. Jahrhundert (unten)

Abb. 105: Athos, Kloster Dionysiou, Cod. 587m, Lektionar, fol. 141v, Taufe Christi, 1059 (oben links)
Abb. 106: Palermo, Cappella Palatina, Taufe Christi, Mitte 12. Jahrhundert (oben rechts)
Abb. 107: Pontresina, Santa Maria, Taufe Christi, frühes 13. Jahrhundert (unten links)
Abb. 108: Müstair, St. Johann, Mittelapsis, Gastmahl des Herodes und Enthauptung Johannes des Täufers, nach 1200 (unten rechts)

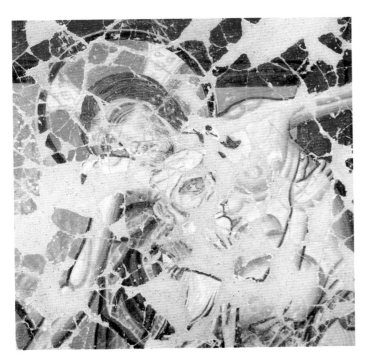

Abb. 109: Kastoria, Byzantinisches Museum, Akra-Tapeinosis-Ikone, um 1200 (oben links)
Abb. 110: Trient, Museo Provinciale d'Arte, ms. 1587, Sakramentar des Uldarich, 12. Jahrhundert (oben rechts)
Abb. 111: Söles, St. Jakob, Kreuzabnahme, Ausschnitt, Anfang 13. Jahrhundert (unten links)
Abb. 112: Söles, St. Jakob, Kreuzabnahme, Ausschnitt, Anfang 13. Jahrhundert (unten rechts)

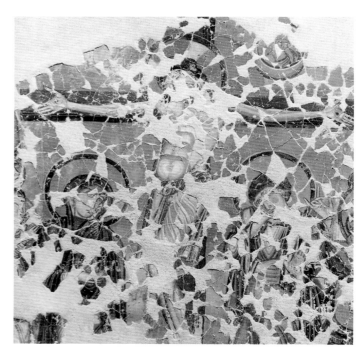

Abb. 113: Venedig, San Marco, Kreuzigung, zweite Hälfte 12. Jahrhundert (oben links)
Abb. 114: Söles, St. Jakob, Kreuzigung, Ausschnitt, Anfang 13. Jahrhundert (oben rechts)
Abb. 115: Söles, St. Jakob, Kreuzigung, Ausschnitt, Anfang 13. Jahrhundert (unten links)
Abb. 116: Tarsch, St. Medardus, Kreuzigung, zweites Viertel 13. Jahrhundert (unten rechts)

Abb. 117: Athos, Kloster Esphigmenou, Cod. 14, Menologion, fol. 52r, Vita des heiligen Eustathios, Anfang 12. Jahrhundert (oben links)
Abb. 118: Tartsch, St. Veit, Sockelzone, Hornbläser, frühes 13. Jahrhundert (oben rechts)
Abb. 119: Ravello, Dom, Bronzetor des Barisanus von Trani, heiliger Eustathios, 1179 (unten links)
Abb. 120: Tötschling, St. Johann, Jagdszene, zweites Viertel 13. Jahrhundert (unten rechts)

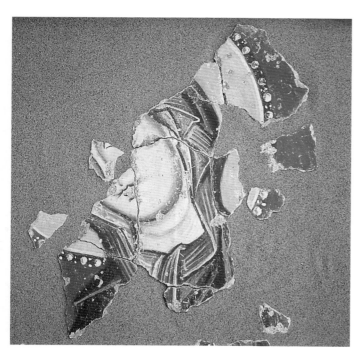

Abb. 121: Untermais, Maria Trost, Engel aus dem Marientod, Anfang 13. Jahrhundert (oben links)
Abb. 122: Untermais, Maria Trost, Marienkopf aus dem Marientod, Anfang 13. Jahrhundert (oben rechts)
Abb. 123: Marienberg, Stiftskirche, Fragment des Marienkopfes, Anfang 13. Jahrhundert (unten links)
Abb. 124: Marienberg, Stiftskirche, Fragment mit den beiden Freskoschichten, Anfang 13. Jahrhundert (unten rechts)